ECHI NELL'ABISSO

Cassandra Valentino

© Testo e illustrazioni a cura di Cassandra Valentino – 2024

Tutti i diritti riservati.

Nessuna parte di questo libro può essere riprodotta in qualsiasi forma o con qualsiasi mezzo elettronico o meccanico, compresi i sistemi di archiviazione e recupero delle informazioni, senza l'autorizzazione da parte di Cassandra Valentino, ad eccezione di un critico che potrebbe citarne brevi passaggi in una recensione.

A tutti coloro che hanno avuto il coraggio di amare nel buio della notte.

PUNTO DI INGRESSO

Scrivere e disegnare nel mio studio è per me una fonte inesauribile di serenità.

La luce del sole filtra attraverso una grande finestra, inondando lo spazio di una brillantezza naturale che risveglia la mia creatività.

Una tenda leggera adornata da un elemento grafico ondeggia delicatamente ad ogni minimo soffio di brezza, creando un'atmosfera intima e accogliente.

Questa decorazione stilizzata richiama la mia profonda connessione con la natura.

Adoro vivere a contatto con la natura e non perdo mai un'occasione per evadere dalla città, lontana dai rumori, in compagnia della mia penna e del mio block-notes per prendere appunti e registrare ogni mia emozione.

La tranquillità e la bellezza degli ambienti naturali mi offrono costantemente nuove idee e suggestioni.

Camminare lungo la riva del mare, ascoltare il suono delle onde che si infrangono sulla spiaggia, o esplorare sentieri tra boschi e prati mi permette di entrare in una dimensione di pace interiore e di profonda simbiosi con l'universo.

La mia mente si libera dalle distrazioni quotidiane e mi immergo completamente nella mia interiorità.

Ogni paesaggio, ogni albero, ogni onda è una fonte di ispirazione per i miei disegni e le mie poesie.

Seduta su una roccia a picco sul mare o sdraiata sull'erba in un campo aperto, lascio che la natura mi parli, traducendo le sue voci e i suoi silenzi in tratti disegnati e in parole.

Accanto alla finestra c'è la mia scrivania, elegante e minimalista, in vetro fumé.

È qui che prende forma la mia creatività.

La scrivania è raramente ordinata, quasi sempre piuttosto caotica.

Su di essa sono sparsi vari libri di arte e di poesia, e attorno ai libri ci sono boccette di inchiostro, pennelli e pennarelli, oltre ai miei dispositivi digitali, strumenti essenziali per la mia attività creativa.

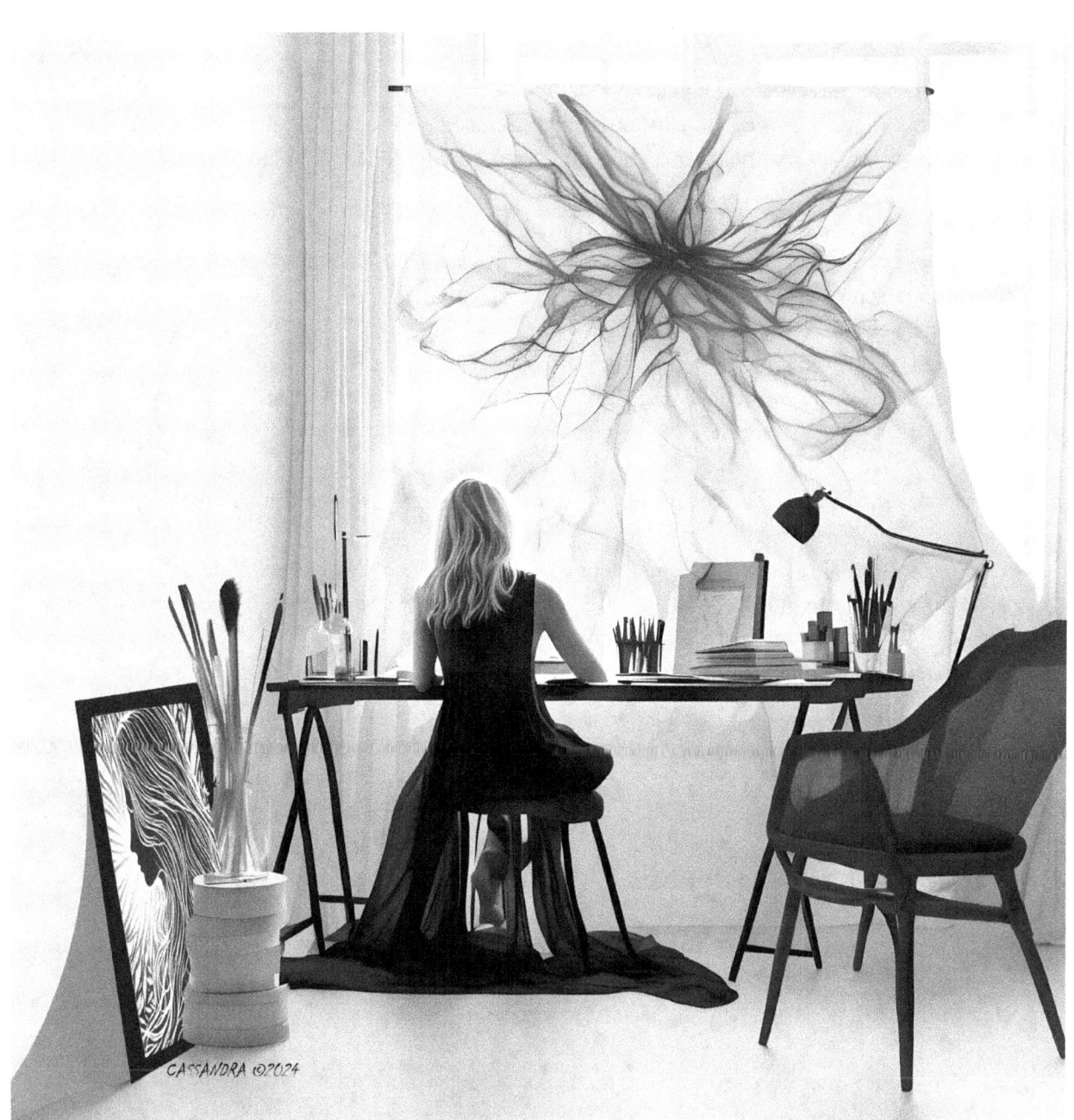

La parete frontale del mio studio è il vero fulcro visivo dello spazio, un mosaico dinamico di cornici che racchiudono dipinti, riproduzioni e fotografie.

Ogni opera esposta è accuratamente selezionata e disposta con l'intento di creare un ambiente stimolante e in costante evoluzione.

La varietà di immagini, dai paesaggi naturali ai ritratti, dalle illustrazioni botaniche ai disegni astratti, riflette la mia passione per l'arte e per la natura, oltre alla mia curiosità verso diversi stili e temi.

Questa parete è un'eco delle mie emozioni e dei miei stati d'animo: spesso cambio la disposizione delle opere, evidenziando colori e illustrazioni diverse a seconda del momento.

Talvolta un'opera particolare cattura la mia attenzione e diventa il fulcro della stanza, altre volte preferisco una disposizione più sobria che mi permetta di mantenere la mente libera.

Le pareti laterali, invece, sono volutamente vuote.

Questo spazio aperto rappresenta una sorta di tela bianca mentale, un luogo dove le mie idee possono fluire senza restrizioni.

La loro semplicità crea un contrasto che bilancia la ricchezza visiva della parete frontale, favorendo la concentrazione e offrendo un senso di pace e possibilità infinite.

In queste pareti vuote vedo l'opportunità di immaginare nuovi scenari e lasciarmi ispirare da ciò che ancora deve prendere forma.

Accanto ai disegni ed alle fotografie, sulla parete frontale, si trovano i miei libri, disposti su scaffali sottili.

Un posto speciale sulle mensole lo occupa la mia collezione di dischi in vinile.

Adoro i dischi in vinile non soltanto per le copertine, che spesso sono opere d'arte a sé stanti, ma anche per il loro suono analogico, ricco e nostalgico.

La musica è una presenza costante nel mio studio, una colonna sonora che accompagna ogni mia creazione.

Dalle melodie classiche che favoriscono la riflessione, ai ritmi moderni che accendono l'ispirazione, fino ai suoni new age che infondono calma, ogni nota contribuisce a creare un ambiente perfetto per il processo creativo.

Le piante, sparse sugli scaffali e sul pavimento, aggiungono un tocco di verde e di vita al mio studio.

La loro presenza non solo purifica l'aria, ma infonde anche un senso di tranquillità e di armonia.

Le loro forme e i loro colori, così naturali e organici, spesso influenzano le mie illustrazioni, portando elementi di design naturali nelle mie opere.

Il mio studio è molto più di un semplice spazio di lavoro; è un luogo dove ogni elemento - dalla luce naturale alle piante, dalla musica alla disposizione apparentemente casuale ma in realtà meticolosamente studiata degli strumenti - è pensato per alimentare la mia immaginazione e trasformare le mie visioni in realtà.

Ogni pennellata, ogni tratto d'inchiostro, ogni parola scritta qui riflette la mia essenza e la mia passione per l'arte.

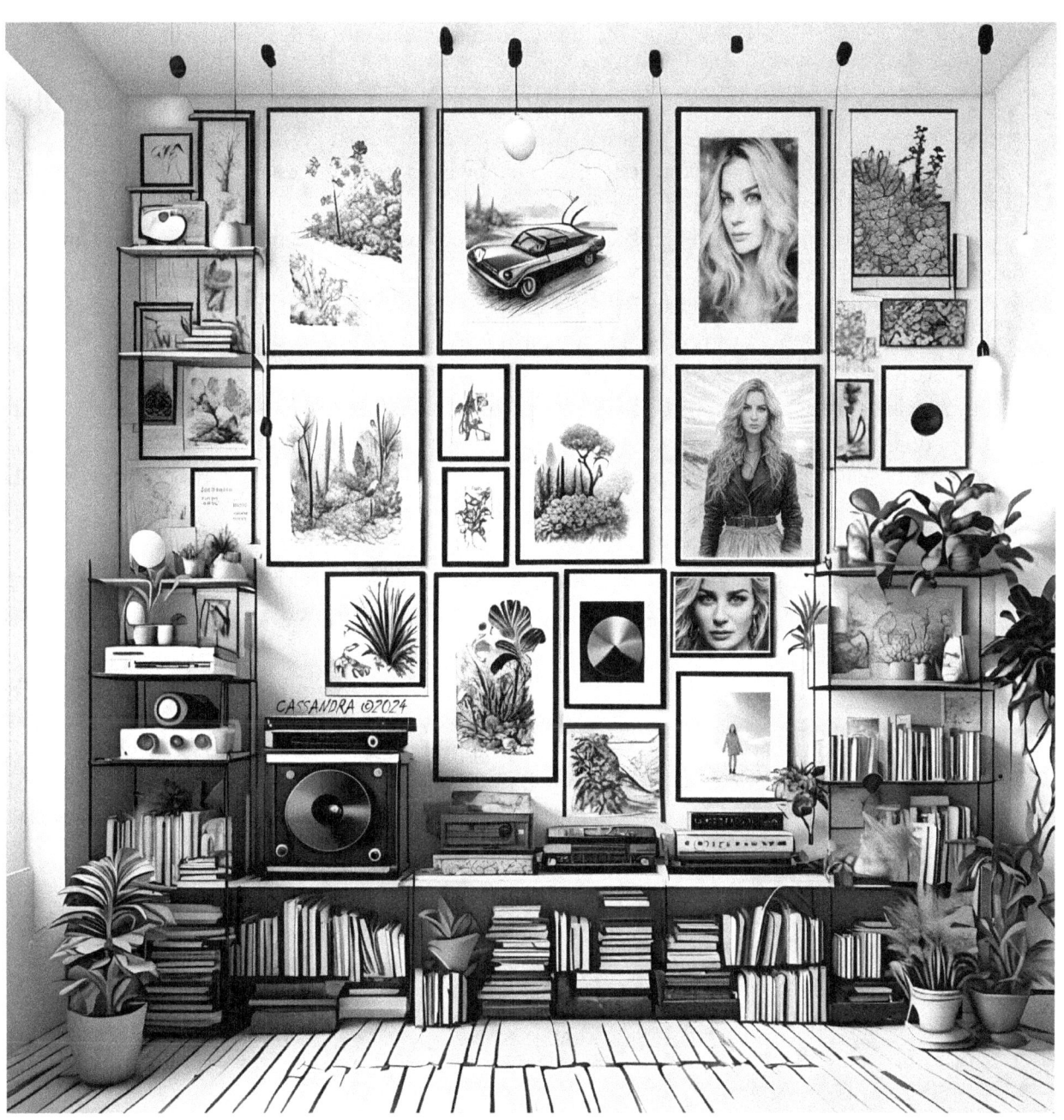

L'arte è un ciclo senza fine, una danza perpetua tra luce e ombra, tra alti e bassi.

Ogni mia opera è una tappa di questo viaggio infinito, un percorso che inevitabilmente ritorna al punto di partenza per segnare la mia continua evoluzione.

Ed ogni volta che inizio un nuovo progetto, intraprendo un tragitto familiare ma sempre nuovo, dove ogni esperienza passata contribuisce a formare la mia visione attuale.

Questo processo ciclico mi permette di crescere, di sviluppare nuove tecniche e di approfondire la mia comprensione dell'arte e della vita, che si riflette inevitabilmente nelle mie creazioni.

Ogni disegno e ogni poesia testimoniano questa connessione profonda tra il mio essere e la mia espressione.

Le mie esperienze, le mie emozioni e i miei pensieri trovano esclamazione attraverso l'arte, diventando parte integrante dei miei disegni.

Ogni tratto di inchiostro, ogni parola scritta è un riflesso della mia anima, un modo per condividere il mio mondo interiore.

Ogni movimento, ogni pennellata, è parte di questa coreografia, un intreccio di contrasti che si fondono e si separano in un ritmo che non avrà mai fine.

Musica, musica, musica, musicalità, musicalità delle situazioni...

Questo ciclo riflette la natura stessa della vita, con le sue sfide e le sue vittorie, i suoi momenti di gioia e di dolore.

È attraverso questa danza che esploro e comprendo il mondo intorno a me, trovando un equilibrio tra gli opposti che caratterizzano l'esistenza.

Il processo creativo è per me un viaggio di scoperta e di introspezione, proteso ad esplorare le profondità della mia immaginazione e delle mie emozioni, cercando di catturare la complessità dell'esperienza umana.

Ogni mia opera è un tentativo di creare una narrazione visiva e poetica che risuoni con chi osserva e legge.

La mia connessione con l'universo si riflette nell'approccio all'arte, dove ogni creazione è parte di un tutto più grande, un frammento di una storia infinita.

Ed ogni volta che creo divento parte di questa rete universale, contribuendo con la mia piccola ma significativa voce al coro dell'umanità.

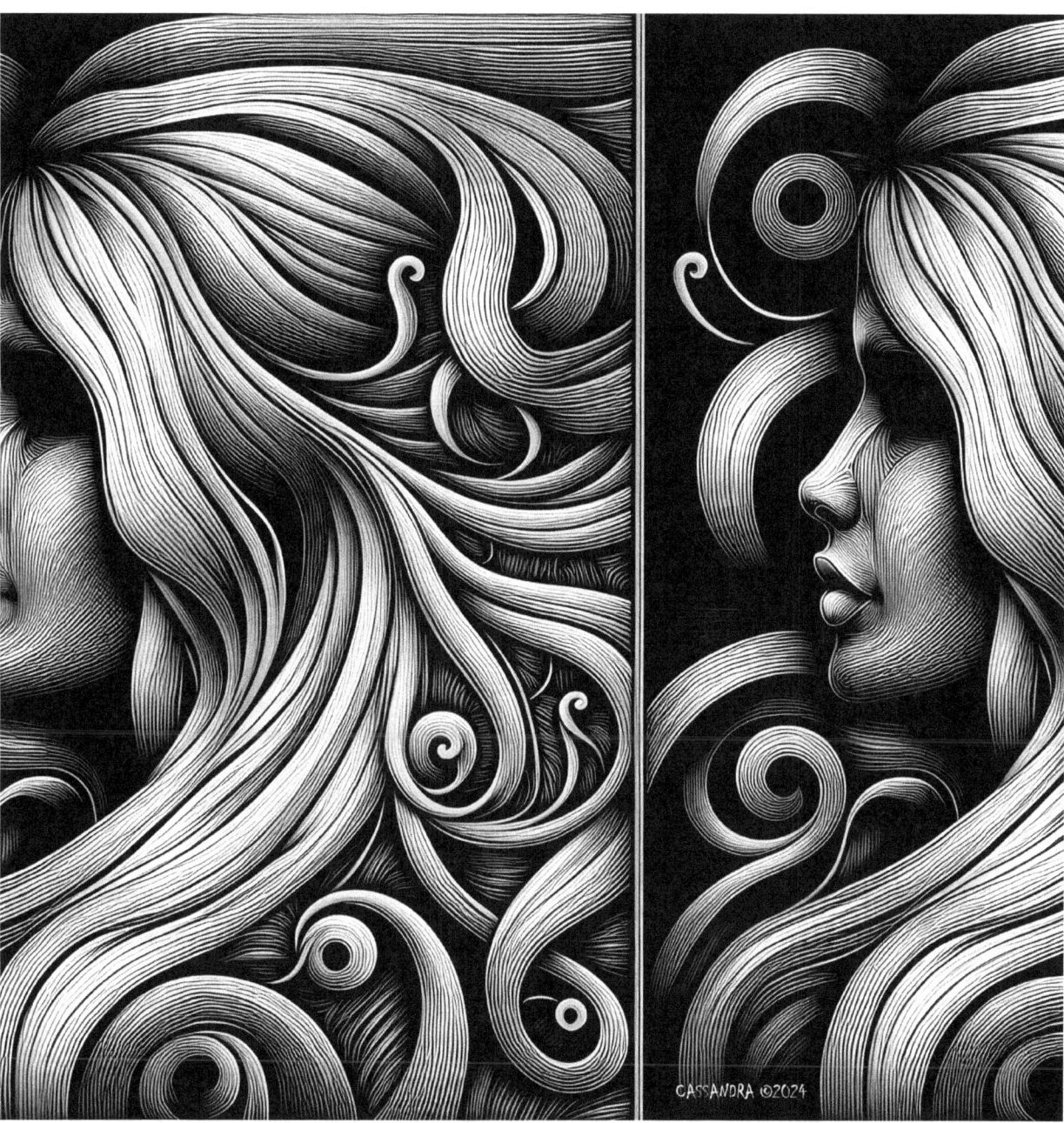

La mia evoluzione artistica è segnata da una costante ricerca di nuove forme di espressione e di nuovi modi di intendere il mondo.

Ogni creazione è un passo avanti in questo percorso, una pietra miliare verso il mio sviluppo personale e professionale.

Questa crescita continua è ciò che rende l'arte vitale, un campo in cui non esiste un punto di arrivo definitivo, ma solo tappe successive in un viaggio senza fine.

Attraverso ogni disegno e ogni poesia posso esprimere ciò che le parole da sole non possono spiegare, catturando l'essenza delle mie emozioni e delle mie esperienze.

Questo processo di creazione è allo stesso tempo personale e universale, un modo per connettermi con gli altri e con me stessa.

E in ogni tratto, in ogni parola, c'è un frammento della mia anima, un'eco della mia esistenza che risuona attraverso il tempo e lo spazio.

Per me la vera gioia risiede nell'atto stesso del creare, nel vedere l'inchiostro che prende vita sulla carta.

Ogni linea, ogni sfumatura, ogni parola è un'esperienza che mi connette profondamente con il mio essere interiore.

È un processo che va oltre la mera tecnica: è un viaggio emozionale che trasforma un foglio bianco in una testimonianza visiva delle mie sensazioni più intime.

L'amore per l'arte è parte di me, un impulso che non posso ignorare, una forza che mi guida e mi motiva quotidianamente.

Un approccio profondamente istintivo mi permette di essere libera nella mia espressione, di lasciare che l'arte fluisca naturalmente senza le restrizioni di un piano prestabilito.

E spesso mi ritrovo a immergermi completamente nell'opera, a sentire fisicamente ciò che sto creando, come se l'inchiostro sulla carta prendesse vita sotto i miei occhi.

Questo stato di immersione totale è quasi meditativo, una sorta di trance creativa dove il tempo sembra fermarsi e tutto ciò che esiste è il dialogo tra me e il mio lavoro.

Ogni parola è una manifestazione diretta delle mie emozioni e dei miei pensieri, ogni segno tracciato è una traduzione visiva del mio mondo interiore.

La magia del processo creativo risiede nella sua imprevedibilità e nella sua capacità di sorprendere.

Ogni volta che inizio un nuovo progetto, non so esattamente dove mi porterà, ma è proprio questa incertezza che rende il viaggio così affascinante.

L'arte non è solo il risultato finale, ma tutto il percorso che mi porta a quel risultato.

È un'esplorazione continua, un'avventura che mi permette di scoprire sempre qualcosa di nuovo su me stessa e sul mondo che mi circonda.

Questo atto di creazione è tanto fisico quanto spirituale, un'esperienza che coinvolge mente, corpo e anima.

La mia arte è un riflesso della mia essenza più profonda, un'espressione istintiva e emozionale che prende vita attraverso l'inchiostro sulla carta.

Ogni opera è parte di me, un frammento del mio viaggio artistico che continua a evolversi in ogni nuova creazione.

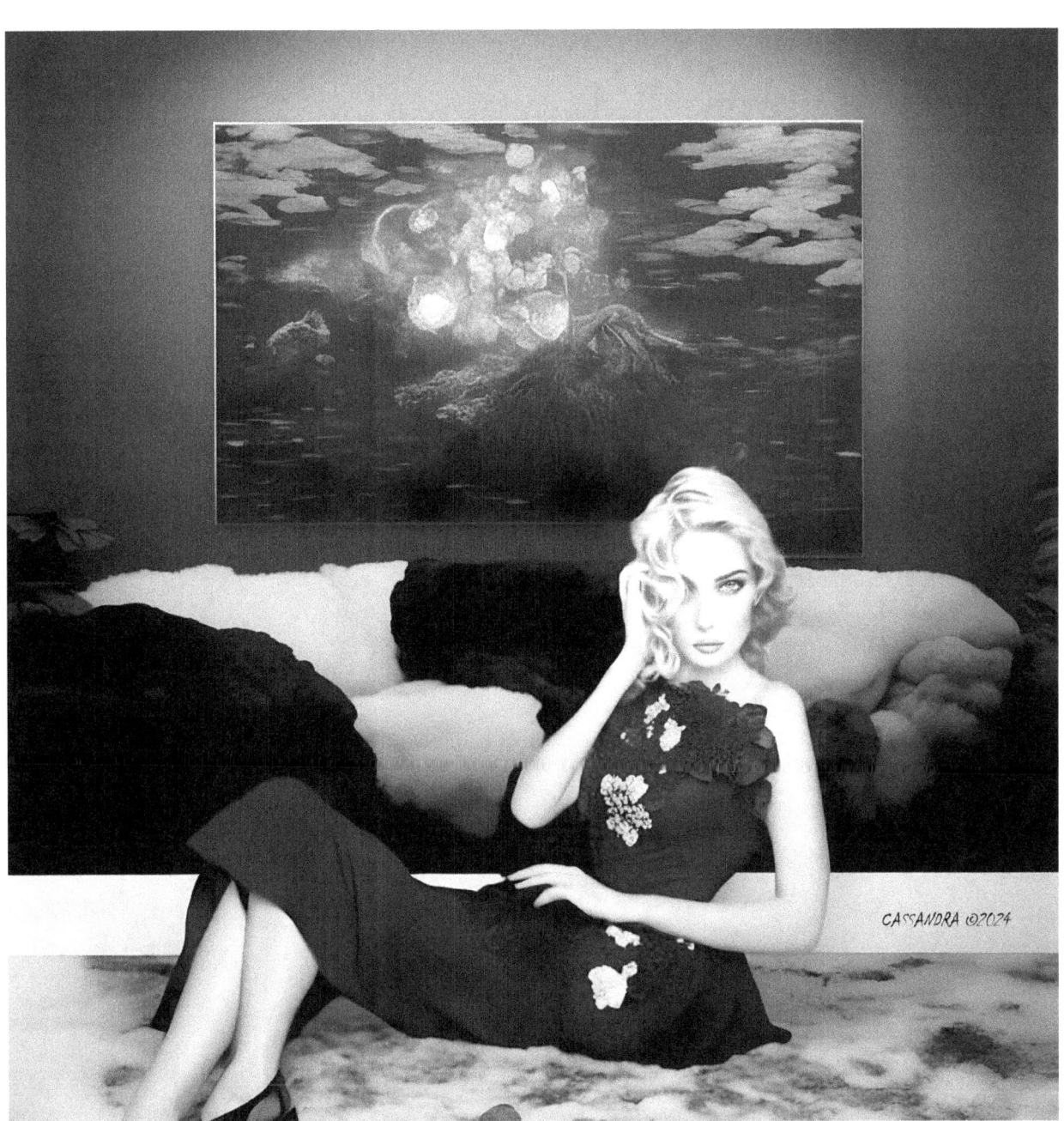

Per la realizzazione dei disegni di *Echi nell'abisso*, ho scelto di utilizzare esclusivamente inchiostro nero, talvolta diluito con acqua per creare una gamma di toni grigi.

Attraverso pennelli o pennarelli, riproduco su fogli bianchi i tratti, i toni e le sfumature che animano le mie visioni.

Alcune illustrazioni sono elaborate utilizzando un processo digitale su fotografie che mi raffigurano, conferendo loro una dimensione estetica e simbolica che si intreccia con i temi del libro.

Questo processo arricchisce ulteriormente il mio lavoro, aggiungendo una nuova prospettiva visiva che esplora il rapporto tra realtà e interpretazione.

Trasformare una semplice fotografia o un foglio di carta in un'opera d'arte vibrante mi permette di immergermi in un procedimento che rispecchia la mia personale visione del mondo.

Così il mio studio diventa un portale verso mondi fantastici e avventure epiche, dove ogni pennellata o intervento digitale dà vita a paesaggi eterei e figure dinamiche.

Le mie illustrazioni rappresentano il mezzo attraverso cui esploro le profondità della mia immaginazione.

Ogni mia tavola raffigura una immagine chiara e precisa, senza necessariamente veicolare un messaggio esplicito.

Il punto di forza risiede nella capacità di evocare emozioni e stimolare l'immaginazione.

La combinazione di luci e di ombre ed il gioco dei contrasti, contribuiscono a creare un impatto visivo potente che va oltre il semplice disegno.

L'arte figurativa rappresenta per me una continua ricerca, un processo evolutivo che riflette il mio stato d'animo e le esperienze vissute.

Ogni opera costituisce una finestra aperta sulla mia anima, un invito a esplorare i mondi che creo e a lasciarsi trasportare dalla magia delle mie illustrazioni.

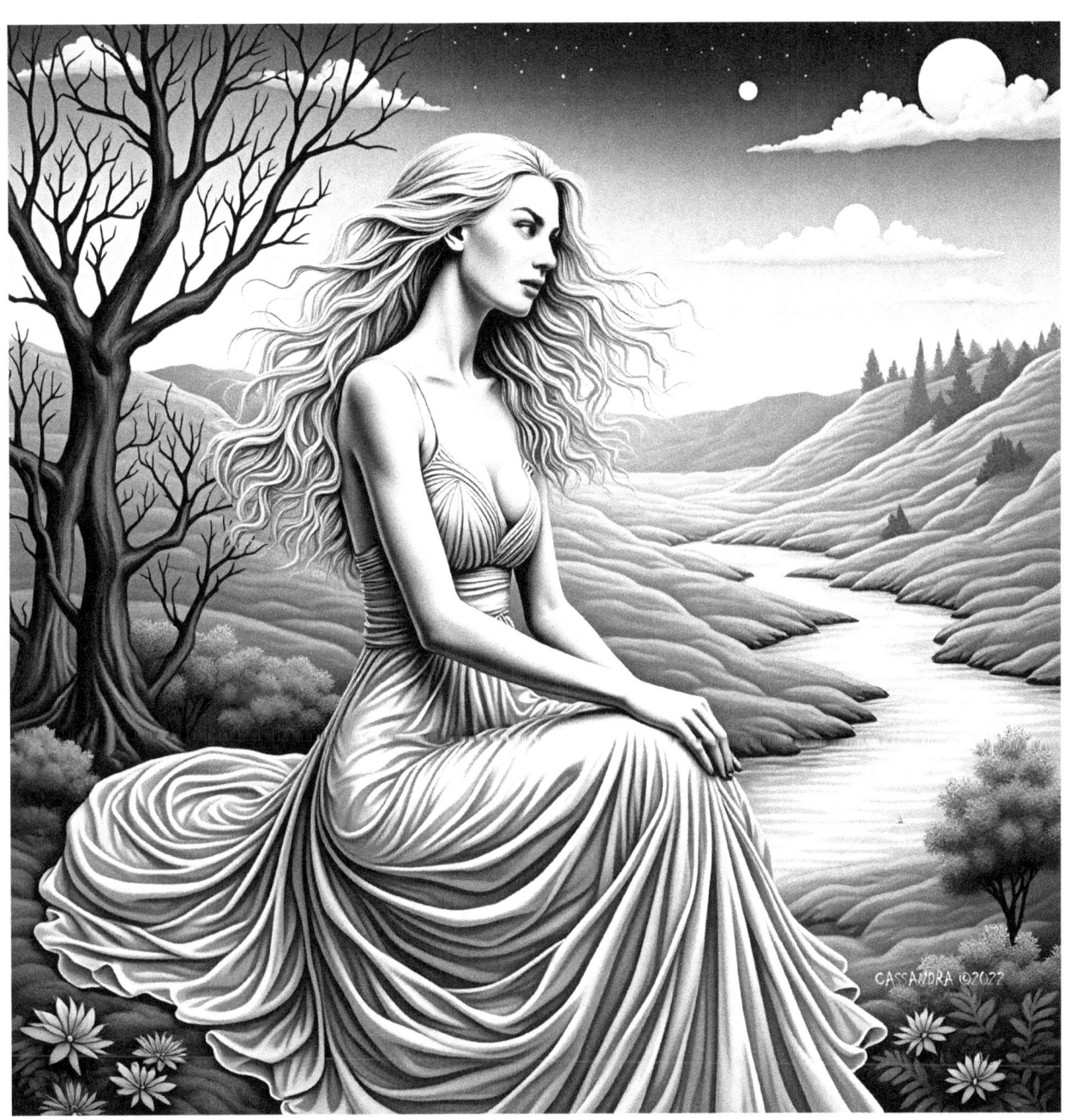

Ogni mia creazione riflette il mio percorso personale; è un'eco delle mie esperienze più profonde e dei miei momenti vissuti con intensità.

Allo stesso modo, i miei componimenti poetici nascono da un processo di scoperta e di introspezione.

Per me la poesia è l'arte di catturare l'essenza dell'anima e di esprimere il tumulto interiore attraverso parole che risuonano con sincerità e profondità.

Echi nell'Abisso è il frutto della mia necessità di dare voce ai pensieri più oscuri e alle emozioni più profonde.

Ci tengo comunque a precisare che la scrittura, per me, è un'arte che va oltre la semplice parola.

La scrittura è un mezzo attraverso cui esploro le profondità della mia anima e condivido il mio vissuto con il mondo.

I miei versi non sono semplici espressioni di sentimenti, ma ogni componimento diventa un piccolo universo di emozioni e di pensieri.

Sebbene il processo di scrittura sia profondamente personale e riflessivo, le metafore evocative delle mie poesie mirano a trasmettere la complessità delle esperienze umane.

Scrivere è per me un atto catartico: ogni parola scelta, ogni verso composto è un frammento del mio viaggio personale, un'eco della mia esistenza.

È un atto di trasformazione, dove le emozioni si cristallizzano in suoni che esprimono verità e autenticità.

Attraverso la scrittura, esploro temi universali come l'amore, la perdita, la speranza, la disperazione.

Esamino l'esperienza umana nel continuo alternarsi di gioie e di dolori, di cadute e di risalite, di momenti di luce e di ombra.

Testimoniando le mie lotte e le mie vittorie, cerco di stabilire una connessione profonda con chi legge.

Ogni verso è un invito a esplorare il proprio mondo interiore, a trovare risonanza e a scoprire nuove prospettive della propria esistenza nel riflesso della mia vita vissuta.

In conclusione, la mia poesia è un viaggio interiore, un modo per esplorare e comprendere me stessa e il mondo che mi circonda.

Nei miei componimenti cerco di dare forma alle mie esperienze, trasformandole in qualcosa di universale e di condivisibile.

Ogni opera diventa un pezzo del puzzle che compone la mia arte, un passo in questo viaggio che si chiama Vita

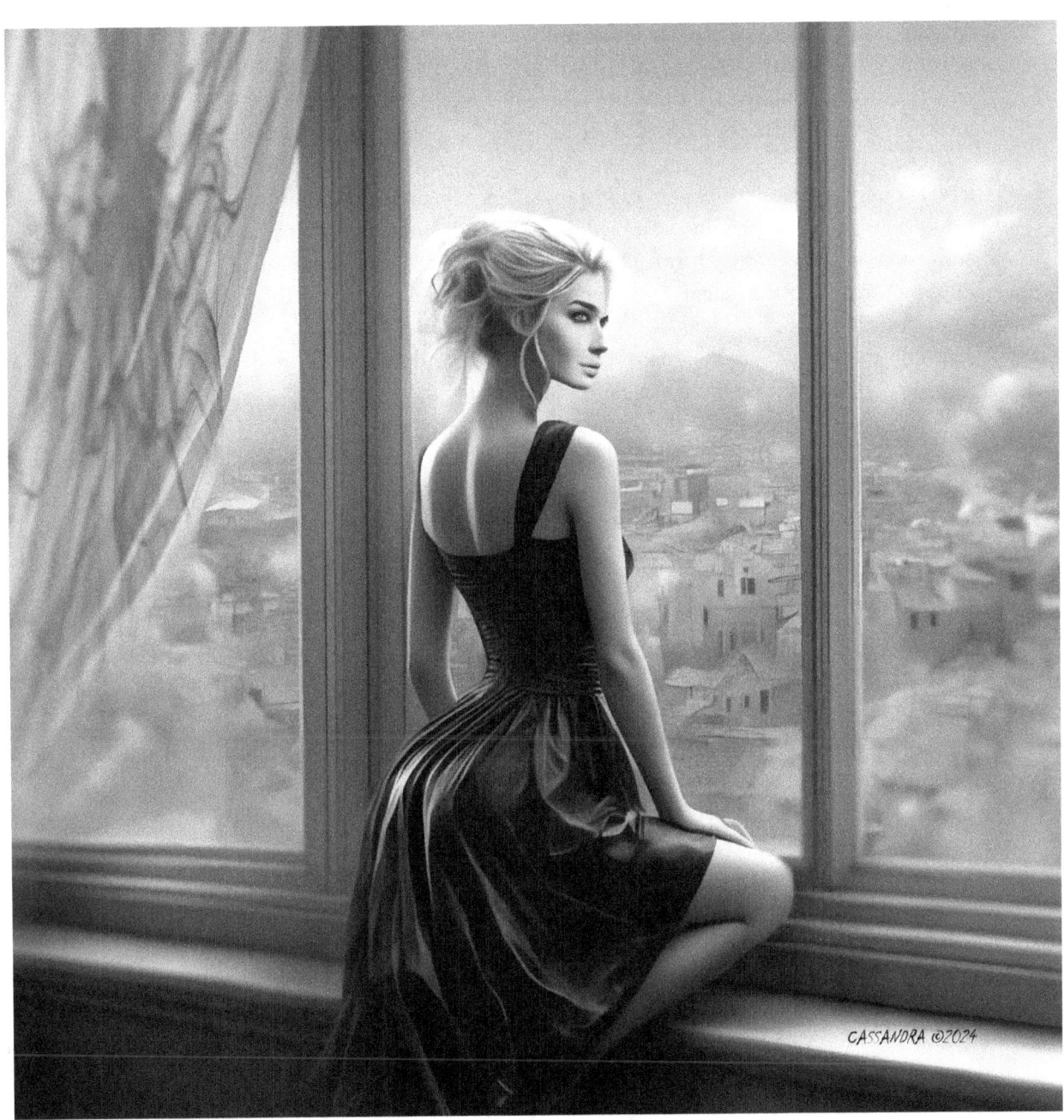

Il mio lavoro di modella è un'altra espressione fondamentale della mia arte.

Posare mi fa sentire quasi fossi una tela, un foglio bianco pronto a essere tratteggiato, come uno e milioni di pixel che il sensore della fotocamera scompone e ricompone, catturando non soltanto le forme della mia pelle ma anche le luci e le ombre della mia anima.

Ogni posa è una pennellata, è l'inchiostro che prende vita sul foglio.

Ogni pixel contribuisce a creare un'immagine che racconta storie di bellezza, di forza, di vulnerabilità.

Il mio corpo diventa un'opera d'arte vivente, un medium che trasforma ogni sessione in un'esperienza di collaborazione e scoperta.

Ogni espressione è studiata per comunicare un'emozione, per raccontare una storia.

Ogni scatto diventa parte di un'opera d'arte più grande, contribuendo alla narrativa visiva dell'artista.

Attraverso questo ruolo, ho scoperto una nuova dimensione dell'arte.

Quando assumo una posa, il mio corpo ed il mio viso diventano parti integranti del processo creativo.

Sperimentare la potenza della forma umana come strumento espressivo mi ha permesso di osservare la bellezza da una prospettiva diversa, riconoscendo la forza dell'immagine corporea come mezzo di intonazione artistica.

Essere una modella mi ha insegnato a valorizzare ogni dettaglio del mio corpo e della mia anima, trasformando ogni prestazione in un viaggio creativo condiviso.

In *Echi nell'abisso* ho quindi scelto di utilizzare me stessa come soggetto principale per le mie illustrazioni, assumendo il duplice ruolo di modella e artista.

Questo approccio mi ha permesso di esplorare la mia immagine da una prospettiva unica.

Per creare le illustrazioni mi sono ispirata alle pose sperimentate durante le mie sessioni, traducendole in arte visiva.

Partecipare come indossatrice a sfilate di moda aggiunge ulteriore profondità alla mia esperienza artistica.

Vestire capi firmati mi permette di esplorare la moda come forma d'arte.

Sfilare è un'esperienza esaltante: il mio corpo diventa un mezzo per esprimere le idee e le visioni dei designer, trasformando ogni abito in una storia vivente.

La preparazione, l'adrenalina e la performance stessa sono momenti di intensa creatività e di autoespressione.

Le sfilate di moda mi offrono l'opportunità di interagire con il lavoro degli stilisti, apprezzando i dettagli, la struttura e l'innovazione che ogni capo porta con sé.

Questi eventi non soltanto arricchiscono la mia esperienza come modella, ma alimentano anche la mia ispirazione come artista visiva.

Le texture, i colori e le forme degli abiti che indosso influenzano frequentemente le mie illustrazioni, introducendo nuovi elementi di design nel mio lavoro.

Esplorare la bellezza e la forza dell'immagine corporea mi ha arricchito come artista, permettendomi di vivere l'arte non soltanto come creatrice, ma anche come musa.

Questo ruolo mi ha insegnato a vedere il mio corpo come un potente strumento di espressione, capace di trasmettere emozioni e raccontare storie attraverso ogni posa.

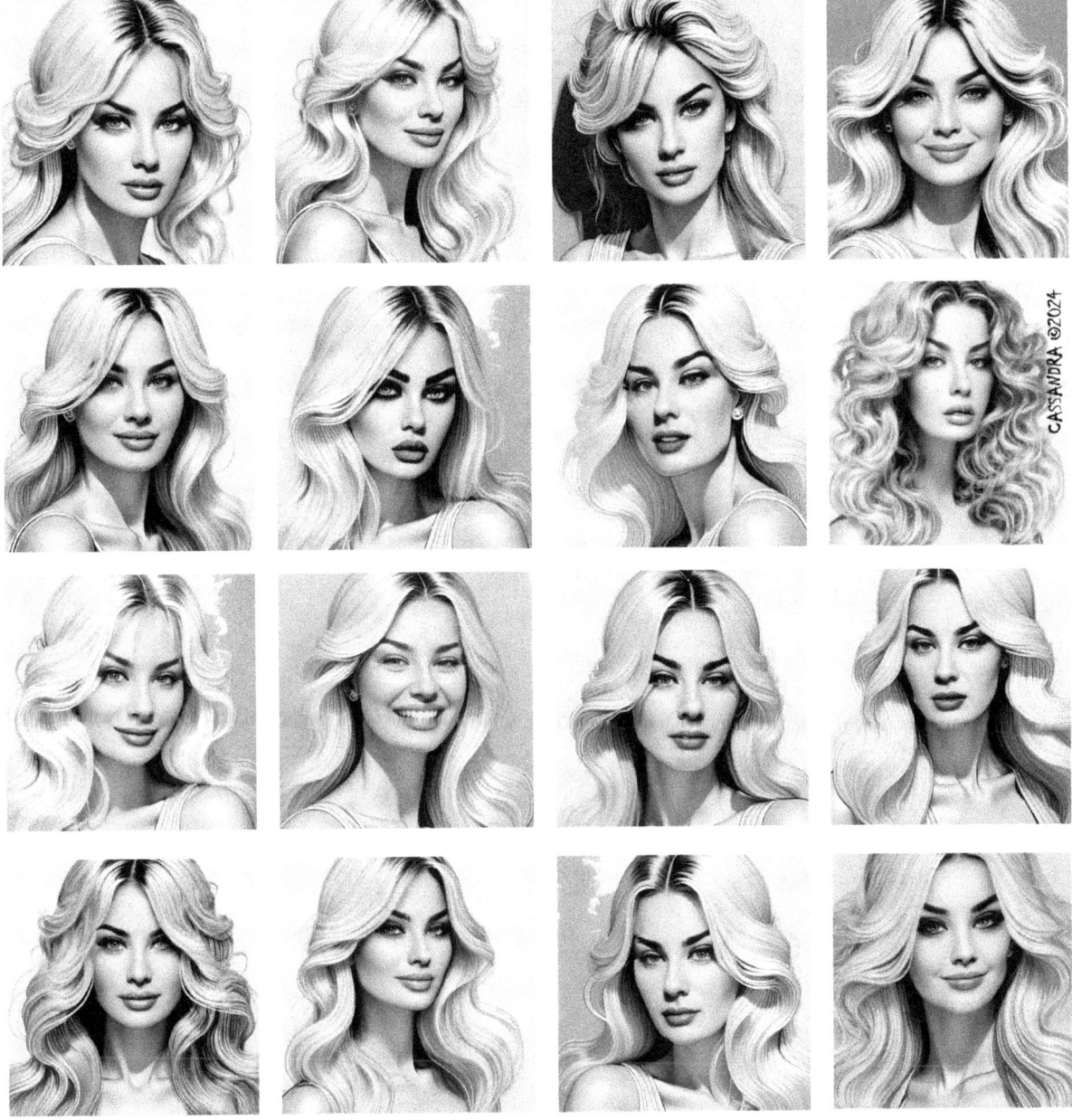

Attraverso *Echi nell'abisso* desidero trasmettervi non soltanto i miei pensieri e le mie sensazioni, ma anche offrirvi uno spazio in cui possiate riconoscervi.

Sebbene le esperienze narrate siano universali, pronte a risuonare dentro ciascuno di voi, ogni poesia e ogni illustrazione è un frammento della mia vita vissuta.

Il processo creativo di questo libro è stato per me un viaggio profondo e trasformativo.

Nei versi e nelle illustrazioni, ho cercato di dare forma alle mie esperienze, trasfigurandole in qualcosa di universale e condivisibile.

Ogni componimento rappresenta un passo in questo percorso.

Vi invito a immergervi in queste pagine, a scoprire le emozioni che ho voluto condividere e a trovare comprensione nelle parole e nelle illustrazioni.

Mi auguro che riusciate a scoprire un riflesso delle vostre stesse esperienze, e che il mio viaggio diventi, in qualche modo, anche il vostro.

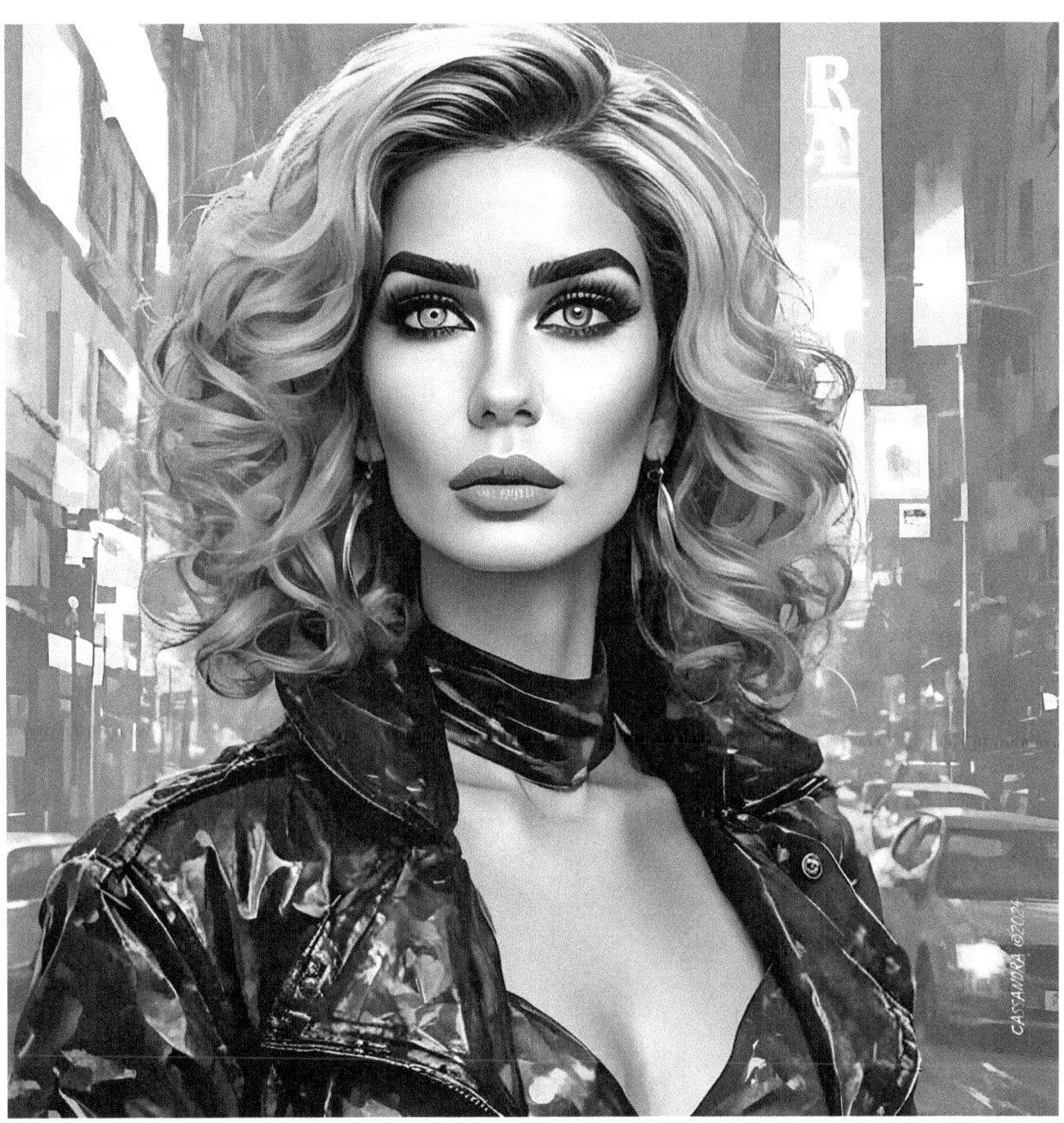

ECHI NELL'ABISSO

Nelle ombre di questa stanza,
dove il tuo respiro si confonde con il mio,
mi dissolvo nei riflessi della tua pelle.

Vorrei che il vento portasse via i miei pensieri,
ma rimangono qui, ancorati a ogni istante di te.

Le mie labbra sfiorano il silenzio
che riempie la distanza tra noi.

Sono come un soffio di vita sospeso,
un attimo di fragilità che diventa eterno.

Ti guardo senza vederti,
ma sento il tuo sguardo affondare nelle pieghe
della mia anima stanca.

E tu, inconsapevole, prendi la mia essenza,
lasciandomi vuota, eppure piena di desiderio.

Mi chiedo dove finisco io e dove inizi tu,
nelle trame sottili di questa malinconia che ci avvolge.

Se solo potessi parlarti con le mani,
dirti con una carezza tutto ciò che le parole non riescono ad esprimere...

Ma resto qui, con le mie labbra socchiuse
che vorresti su di te,
mentre io sogno il tuo cuore che batte nel mio petto.

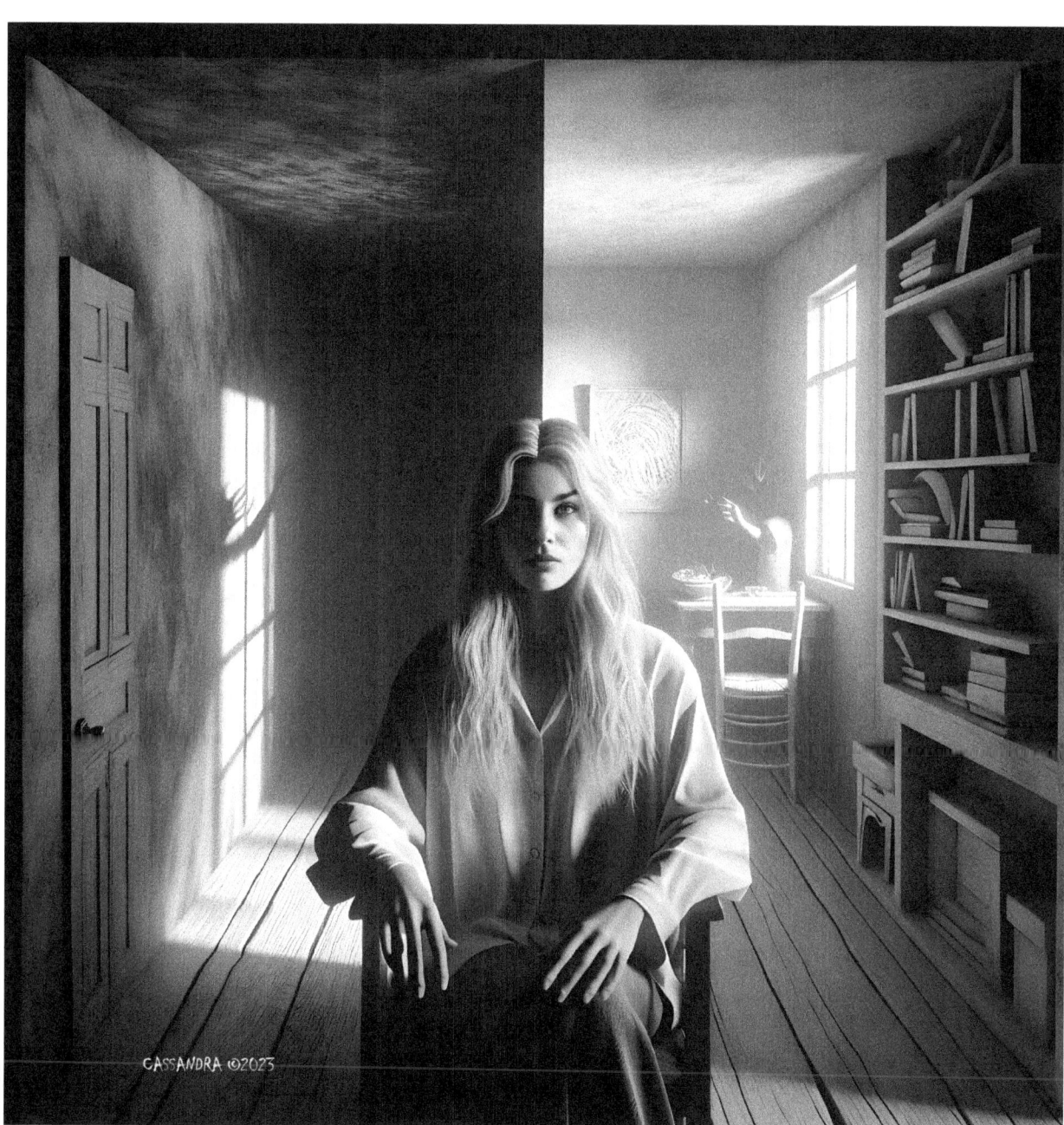

Tra l'eco della realtà
e l'inganno sinuoso,
si dipanano fili delicati di verità e menzogna
che danzano
in labirinti di malinconia.

Ho creduto, più e più volte, che fosse vero amore,
quando le sue parole dolci mi avvolgevano come seta
e le sue promesse mi facevano sentire al sicuro,
ma il dolore, come ghiaccio che si frantuma,
ora lacera il mio cuore.

Nel pianto amaro della mia anima tradita
respingo con forza l'inganno,
implacabile,
invocando la verità come fiamma luminosa,
che squarci risplendente le tenebre.

Vorrei intonare dolci canti di perdono,
ricordare i momenti in cui le nostre risate riempivano la stanza
e offrire clemenza e compassione,
ma l'orgoglio chiude le porte del suo cuore,
respingendo ogni offerta di pace e di redenzione.

Così mi ritrovo circondata da rimpianti,
non nell'attesa di un'alba che porti liberazione,
ma nella consapevolezza che soltanto il mio fuoco interiore
può dissolvere l'inganno,
come rugiada al primo sole,
e trasformare la mia malinconia in forza e splendore.

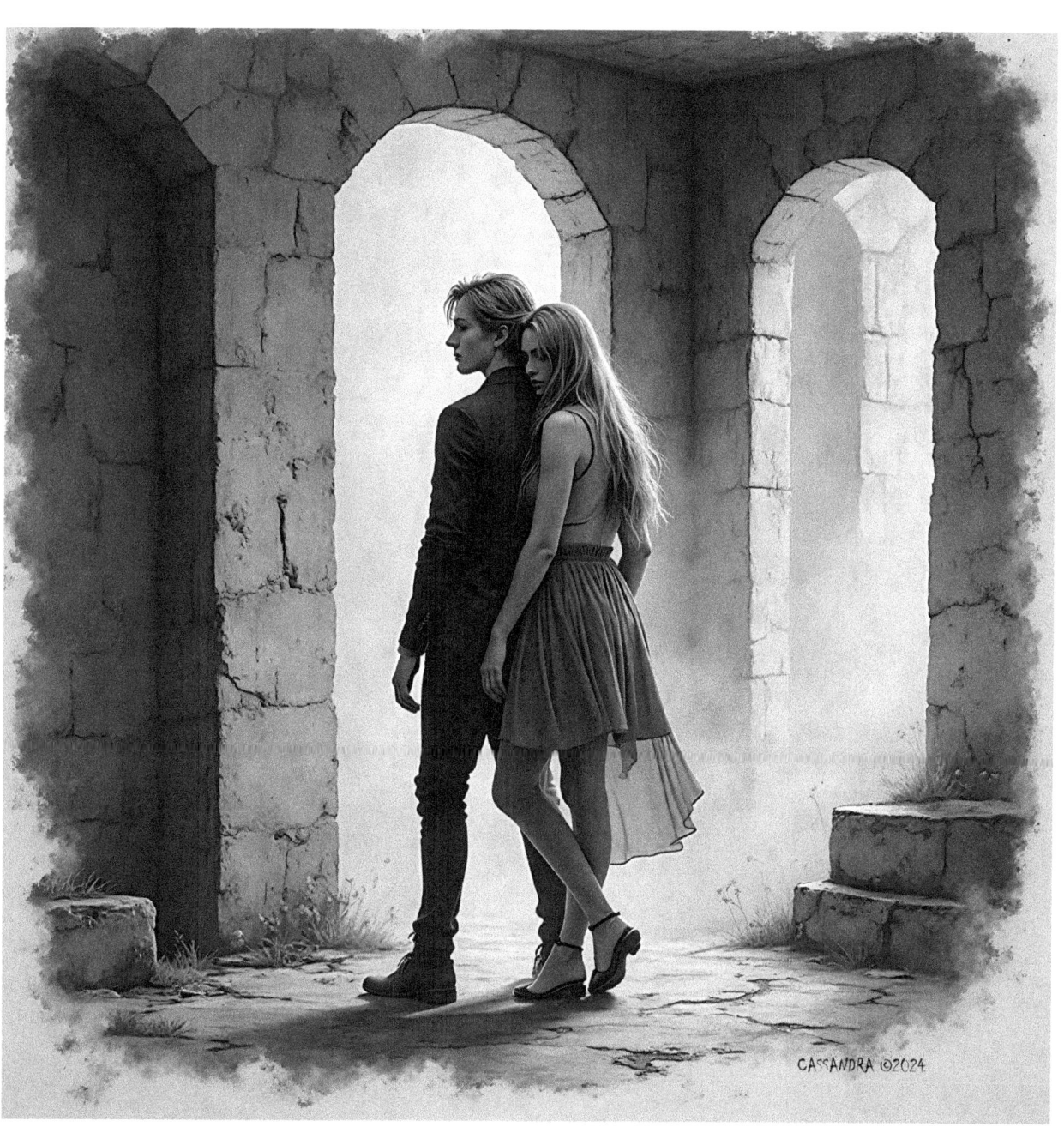

Mi scivola tra i capelli
il peso di sogni non detti,
come luci che s'infrangono
sui margini del cielo.

Non sono il riflesso
di alcun bagliore,
ma l'eco profonda
di un abisso che mi chiama.

Le mie labbra, mute,
raccontano storie che nessuno vede,
sotto questo manto di stelle spente
dove il mio cuore cammina scalzo.

Non voglio bruciare
per un lume che mi incanta,
non voglio brillare
di una luce che non sento mia.

Sono un'anima fatta di ombre,
di verità sepolte sotto il silenzio,
lontana da quell'inganno di specchi
che veste le menzogne di oro.

Nel buio, io mi accendo,
e tutto ciò che sono
si svela in un sussurro di fiamma.

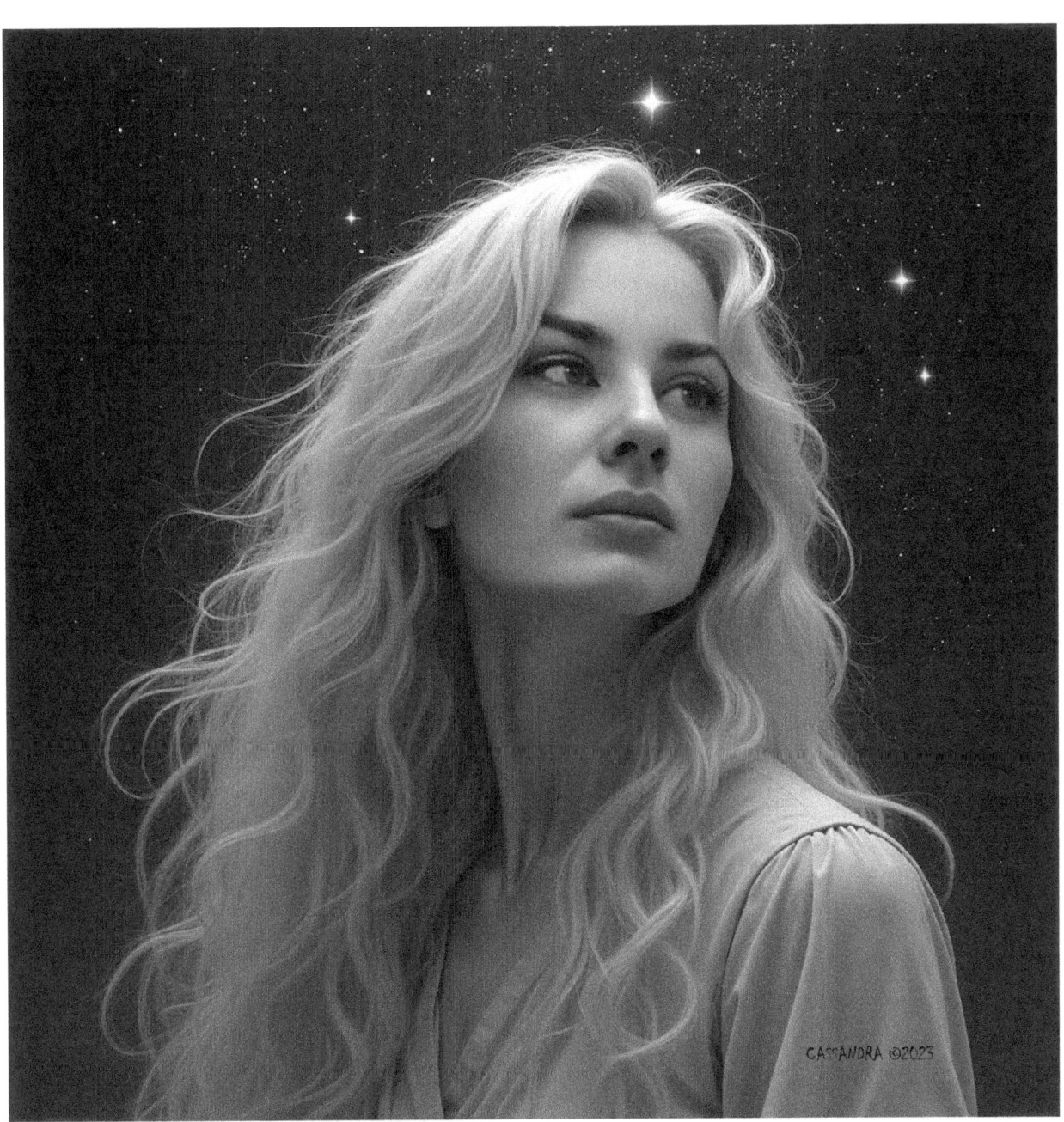

Nel cuore di una città dimenticata
mi muovo tra vicoli umidi di silenzio.

Addosso l'ombra di me stessa,
come una giacca di pelle che non scalda più.

Gli occhi riflettono luci spente,
nei neon si intrecciano le domande
che mi accompagnano da una vita.

Cammino, perduta e presente,
un'eco di passi che non risponde mai.

La notte si fa più densa,
mi avvolge come l'abbraccio
di un passato che non mi lascia andare,
che mi sussurra segreti
che non voglio ascoltare.

C'è un abisso che mi segue,
che mi stringe come un amante disperato,
che mi sussurra promesse d'eternità.

Lo guardo negli occhi
ma non lo riconosco;
è dentro me, fuori di me, ovunque,
eppure irraggiungibile.

Io sono la donna
di questa notte senza stelle,
la pelle nuda sotto la pioggia
che si confonde con le strade,
con i lampioni stanchi.

E mentre il buio cresce dentro,
sento che non c'è risposta alle mie domande.

Soltanto questo camminare infinito,
questo abisso che mi chiama per nome.

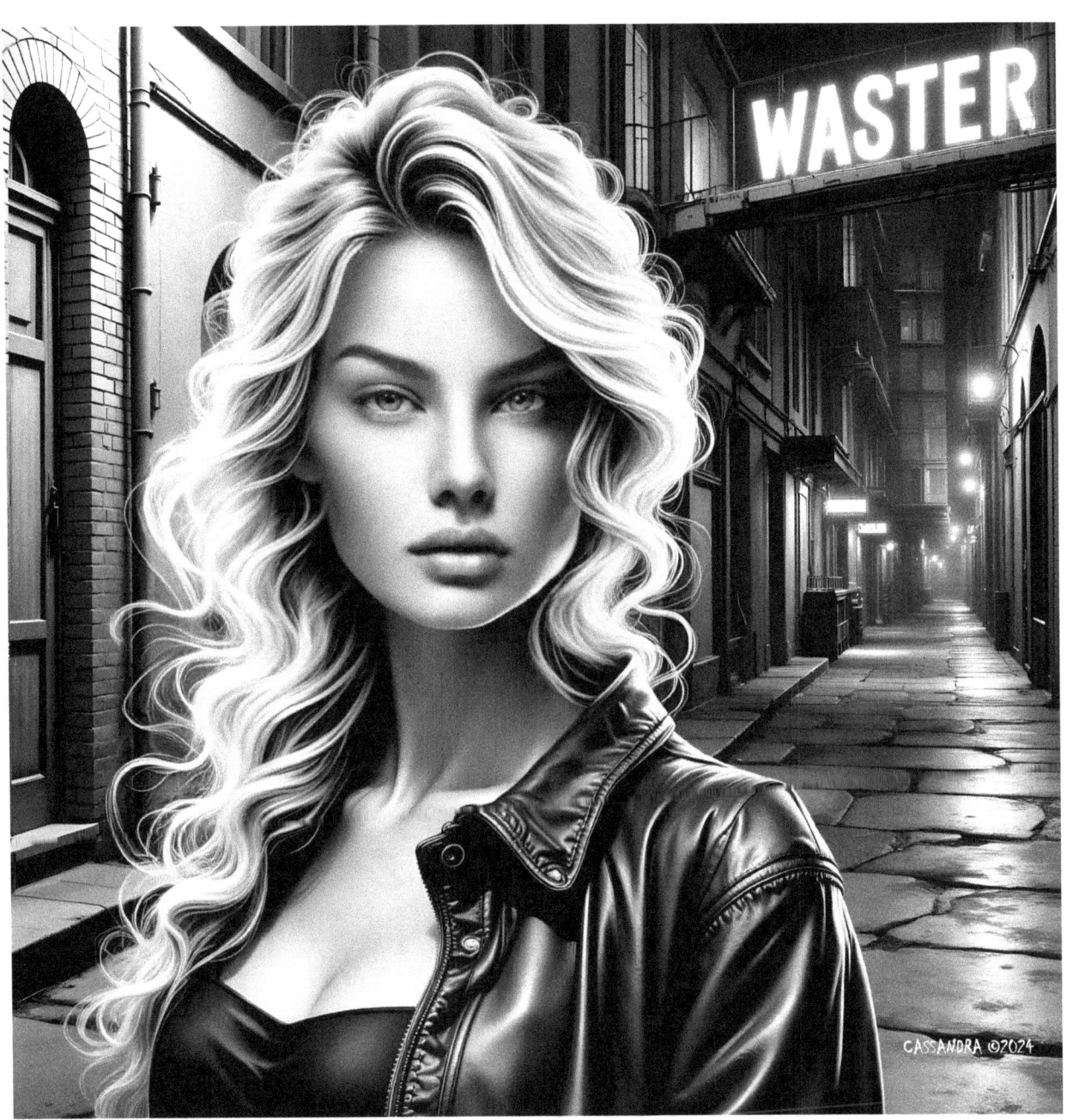

Non c'è rumore più forte
di un cuore che cede.

Nelle viscere della notte,
ascolto il mio corpo farsi domande,
preghiere smarrite
che il cielo non ascolta.

Le mie mani, vuote,
trattengono la polvere
di una memoria sbiadita.

C'è un grido nella mia carne,
una ferita che si allarga piano,
senza mai sanguinare.

Dov'è l'anima?

Forse è rimasta impigliata
in un filo di luce spezzata,
forse è caduta,
prima ancora che lo facessi io.

L'abisso non mi spaventa,
è qui, seduto al mio fianco,
mi guarda negli occhi
e ride con la voce di chi ho amato.

Io lo accolgo,
perché ogni sua parola
è un canto che somiglia al mio.

E mentre il buio si stende,
mi trovo a desiderarlo:
l'assenza,
il nulla che consola,
il silenzio che finalmente
mi appartiene.

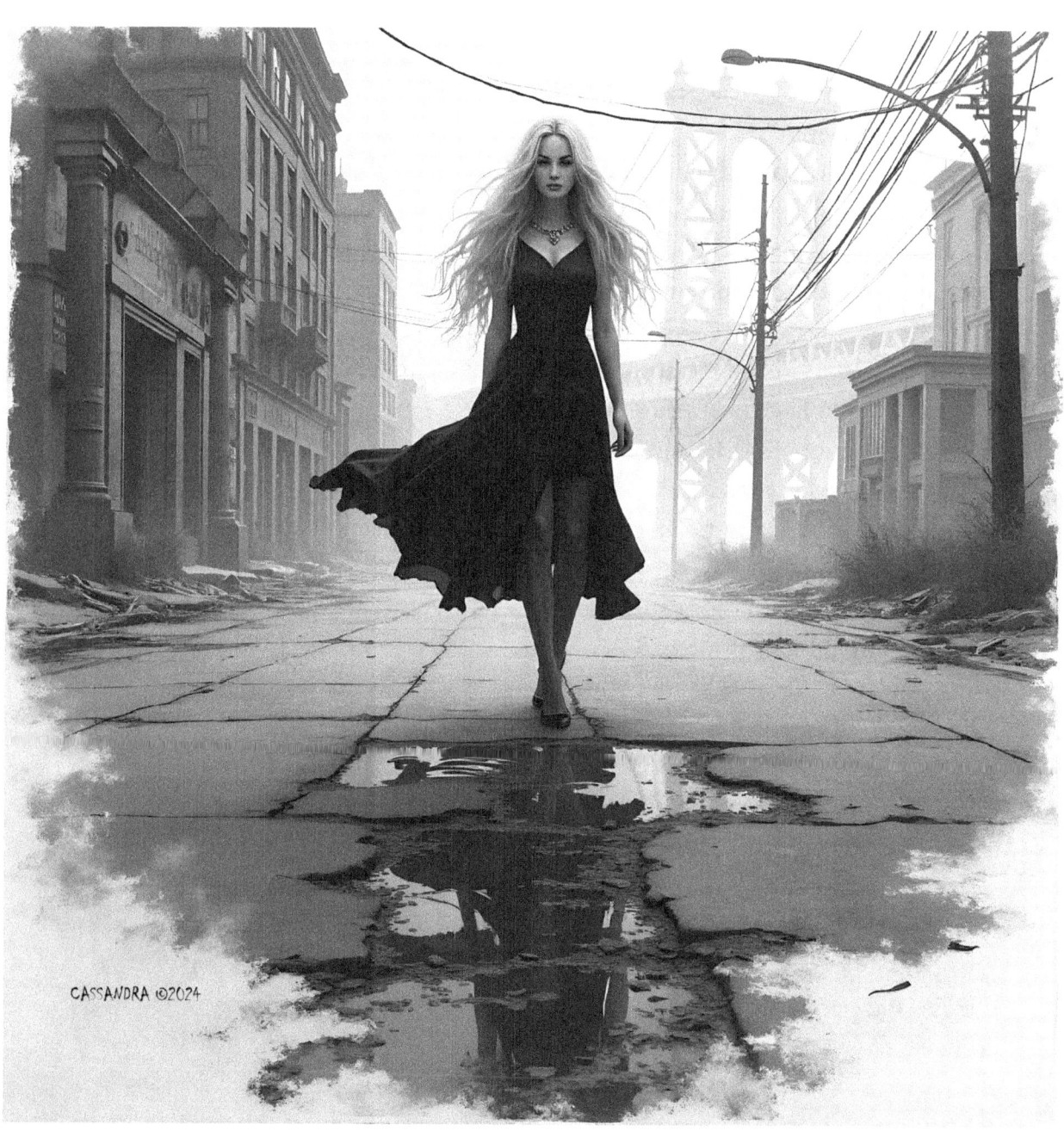

Tra le ombre di una città che si spengono come candele consumate
io mi muovo...io cammino...
Il vento accarezza i miei capelli, li solleva come se volesse strapparli dal mio capo
e trascinarmi via, lontano da questo abisso di cemento e silenzio
verso cui sto sprofondando.

In questo spazio senza tempo, l'oscurità mi culla.
Ma non ho paura.
Mi porto addosso una fiamma che brucia dentro, che non chiede permesso,
non si ferma, non si placa.
Il cuore batte un ritmo che non conosco più,
come un tamburo che annuncia un viaggio senza ritorno.

Sento il freddo insinuarsi sotto la pelle, mentre il mio passo lento
si fa sempre più lieve, sempre più incerto.
Cerco di trattenere la fiamma, ma lei, spietata,
divora i sogni e le speranze .
Mi domando se la tempesta che sento dentro sia il mio destino.

Ad ogni passo mi sembra sprofondare in un vuoto sempre più denso,
eppure continuo a camminare,
come guidata da una forza invisibile.
Forse è l'attesa, forse è la paura.
O forse è l'amore, quel fuoco che tutto brucia e tutto trasforma.
E mentre avanzo, la mia anima si dipinge dei toni del nero e del rosso,
colori che pur volendo non riesco a spegnere.

E così, continuo a cercarti.
In ogni angolo, in ogni ombra,
ti trovo e ti perdo,
come se fossi un'eco lontana, un miraggio che sfugge.

E in questo eterno labirinto,
mi chiedo se la discesa
sia la mia unica via di ritorno.

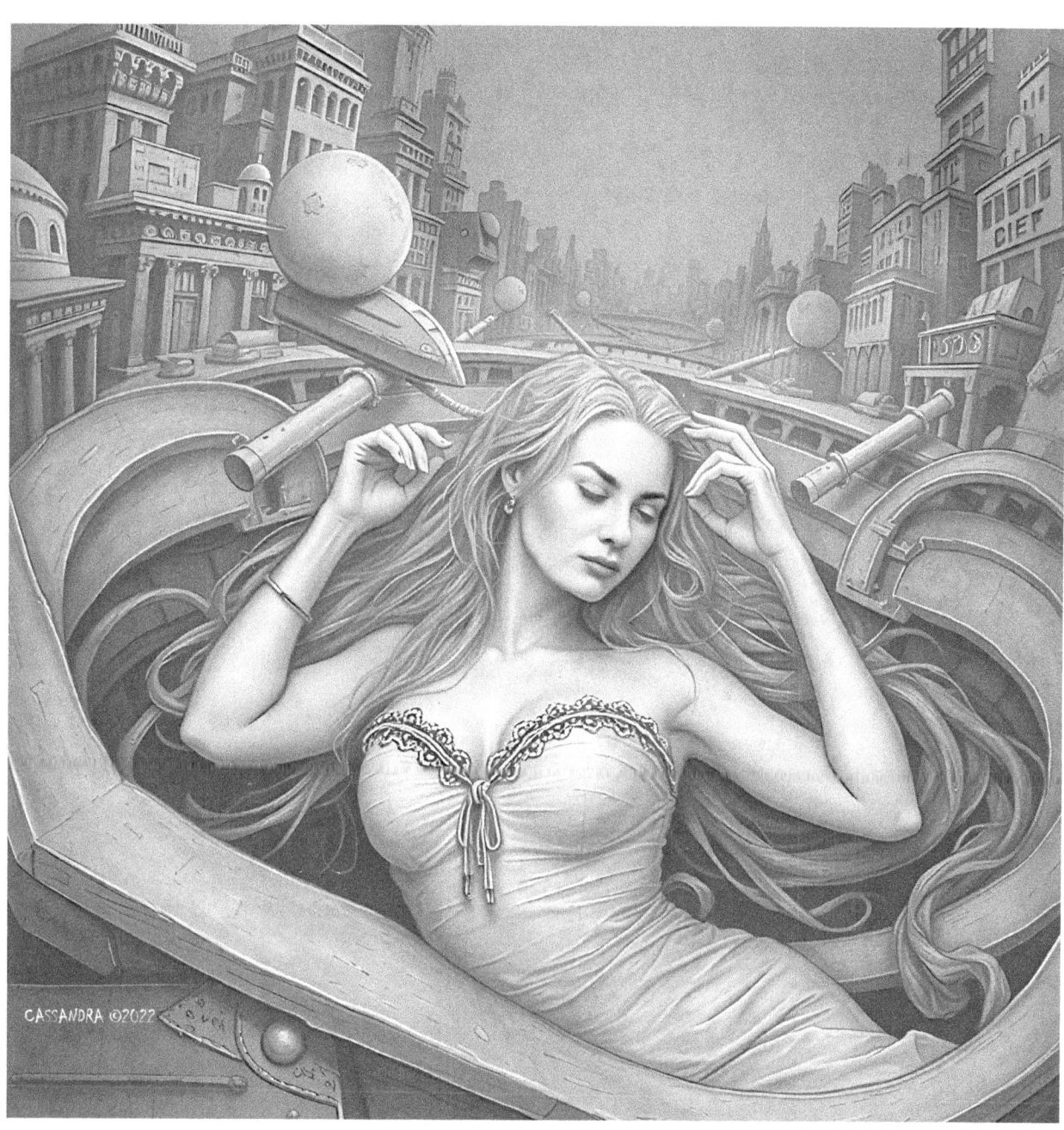

Sul mio destriero nero
scivolo sospesa tra luce e vento,
col cuore stretto come una corda tesa,
ma lieve, come polvere di argento.

Oh, silenzioso abisso,
che sotto di me si apre e riposa,
non temi il mio passo audace,
non sfiori il mio manto che vola.

Occhi chiusi, inebriata di ombra,
mi lascio cadere nell'eco del vuoto,
sapendo che forse il cielo
è solo l'altra sponda del precipizio.

In bilico e tremante,
come una foglia che danza nell'aria,
seguo il richiamo antico della notte,
libera nel mio oscuro cammino.

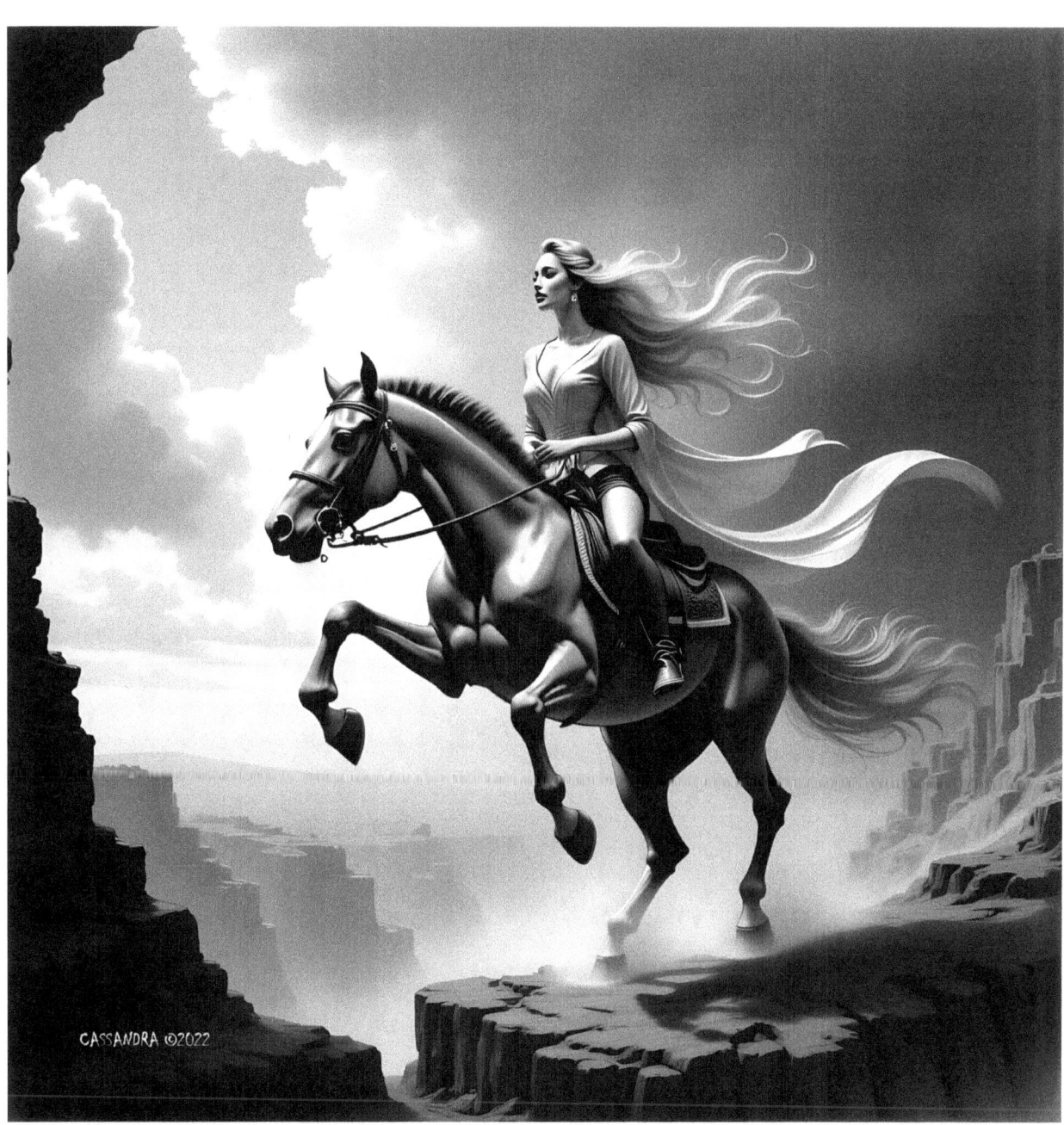

Qui, dove la luna non osa scendere,
nella profondità di questo abisso
danzo con l'ombra silenziosa
di un sogno spezzato.

La gravità del buio mi avvolge,
come un mantello di segreti dimenticati,
e nel freddo di una notte senza stelle
sento il peso del vuoto come un abbraccio.

É stato un rincorrersi di angosce
fino a questa quiete inaspettata,
dove il fondo è un bacio di sollievo
e il dolore trova la sua pace.

In questo oscuro rifugio
la mia anima si spoglia di timori,
e provo un'infinita dolcezza nel perdermi,
un'intima rassegnazione al destino.

Non c'è più spazio per la caduta,
ma soltanto per la calma di una resa,
ed ogni tormento si trasforma in una vela
che mi guida verso la serenità più profonda.

Nel fondo della notte,
dove il respiro diventa un sussurro,
la mia solitudine trova voce,
e il dolore si tramuta in una luce tenue.

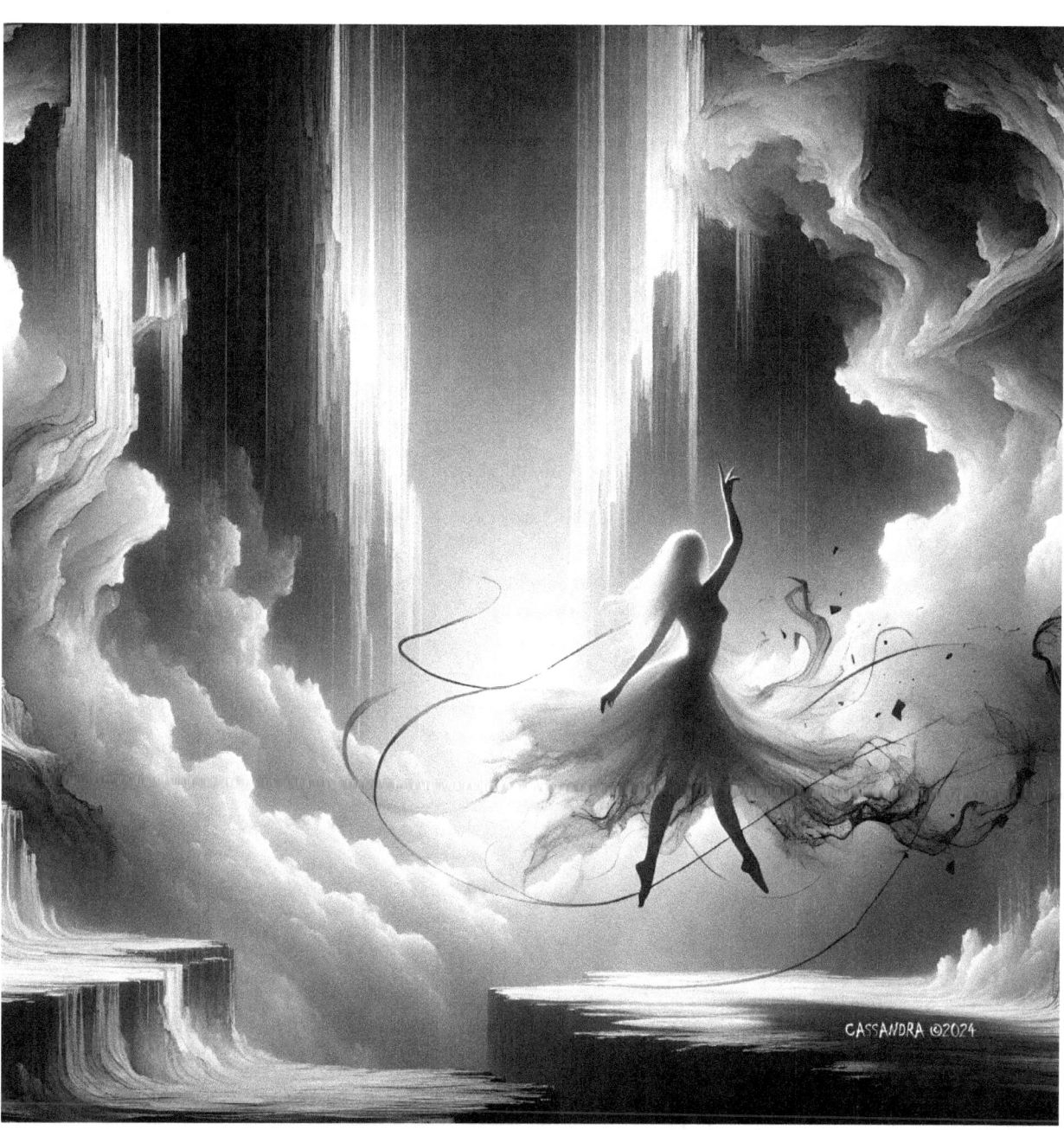

Nel labirinto dei sogni frantumati,
tra luci scintillanti e ombre vibranti
si celano i fantasmi delle nostre paure.

E qui i nostri cuori battono all'unisono,
in un legame fragile e tormentato.

Ma è nell'incanto del nostro abbraccio,
nel turbinio di desideri proibiti.
che si diradano gli echi dell'abisso.

Sappiamo che l'amore è una fiamma che arde
nell'oscurità dei nostri sentimenti in tumulto.

E anche se la speranza appare un sogno lontano,
che si dissolve come nebbia tra le dita,
non possiamo resistere al richiamo di questa passione,
dove albe e tramonti si confondono
in un vortice di emozioni.

E ogni respiro,
carico di malinconica nostalgia,
ci promette un futuro incerto,
tra il dolce piacere
e l'amaro dolore.

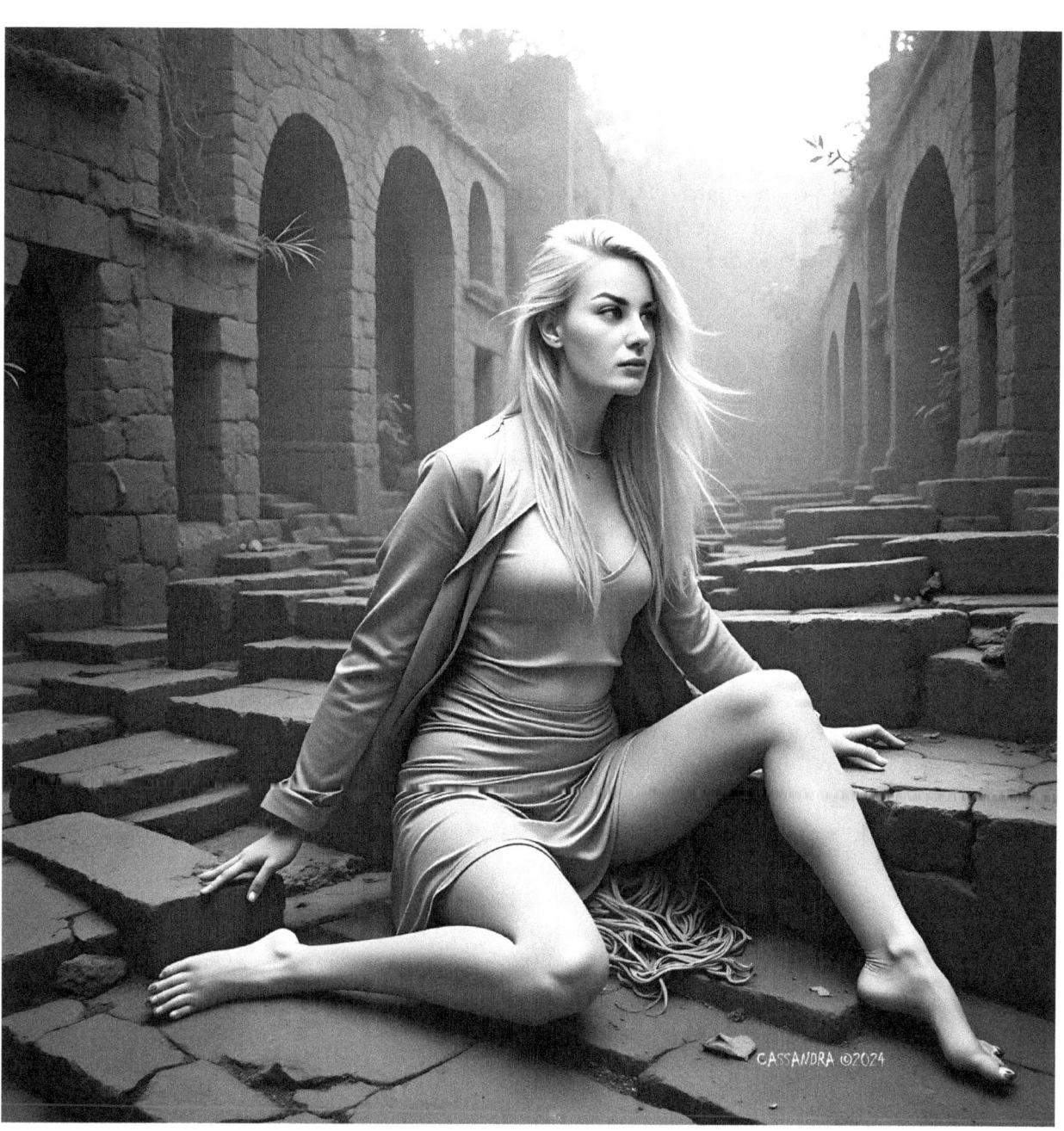

Esploratrice di sogni nel giardino profumato,
tra rose e lavanda mi lascio trasportare dalla magia della notte.
Le mie mani accarezzano i fiori con delicatezza,
come ali pronte a solcare l'aria.

E' al tramonto che inizia il viaggio,
quando il mondo si colora di sfumature di azzurro e viola
e la luna sorge nel cielo, amica di tutti coloro che sognano,
ed i miei sogni prendono vita, danzando nel chiarore notturno.
Sulla riva del lago incantato, divento un'anima in volo.
Le leggende delle fate e dei maghi,
affiorano dal profondo del mio essere.

In questo regno, dove il tempo si dissolve
e le barriere della realtà svaniscono,
mi avventuro con audacia tra le nebbie dell'incertezza,
pronta a svelare i misteri dell'universo.
Le fate danzano con le stelle, i maghi intessono incantesimi nell'aria,
e io, con il cuore aperto e lo spirito libero,
mi unisco a questo caleidoscopio di magia e mistero.

Qui, tra i riflessi scintillanti della luna nelle acque del lago,
ogni sogno prende forma, ogni desiderio si avvera.
E mentre mi lascio trasportare dalla corrente dell'immaginazione,
comprendo che la vera magia dimora dentro di me.
Sprofondo nei meandri del tempo,
e scopro che il potere dei sogni
è capace di plasmare la realtà
e dare vita alle aspirazioni più profonde.

La vita è un sogno dentro il sogno,
un susseguirsi di istanti fugaci e ineffabili,
dove ogni battito del cuore è un'onda nell'oceano dell'infinito,
e ogni respiro è un sospiro nell'eternità.
E mentre osservo il riflesso della luna nell'acqua placida,
realizzo che tutto è un'illusione.
I sogni sono la realtà più autentica,
dove possiamo essere veramente noi stessi,
liberi di esplorare, liberi di creare.

E così, sulla riva di questo lago incantato,
mi immergo nell'incantesimo dei miei sogni,
scoprendo che in essi è la magia,
che illumina il cammino della mia anima.

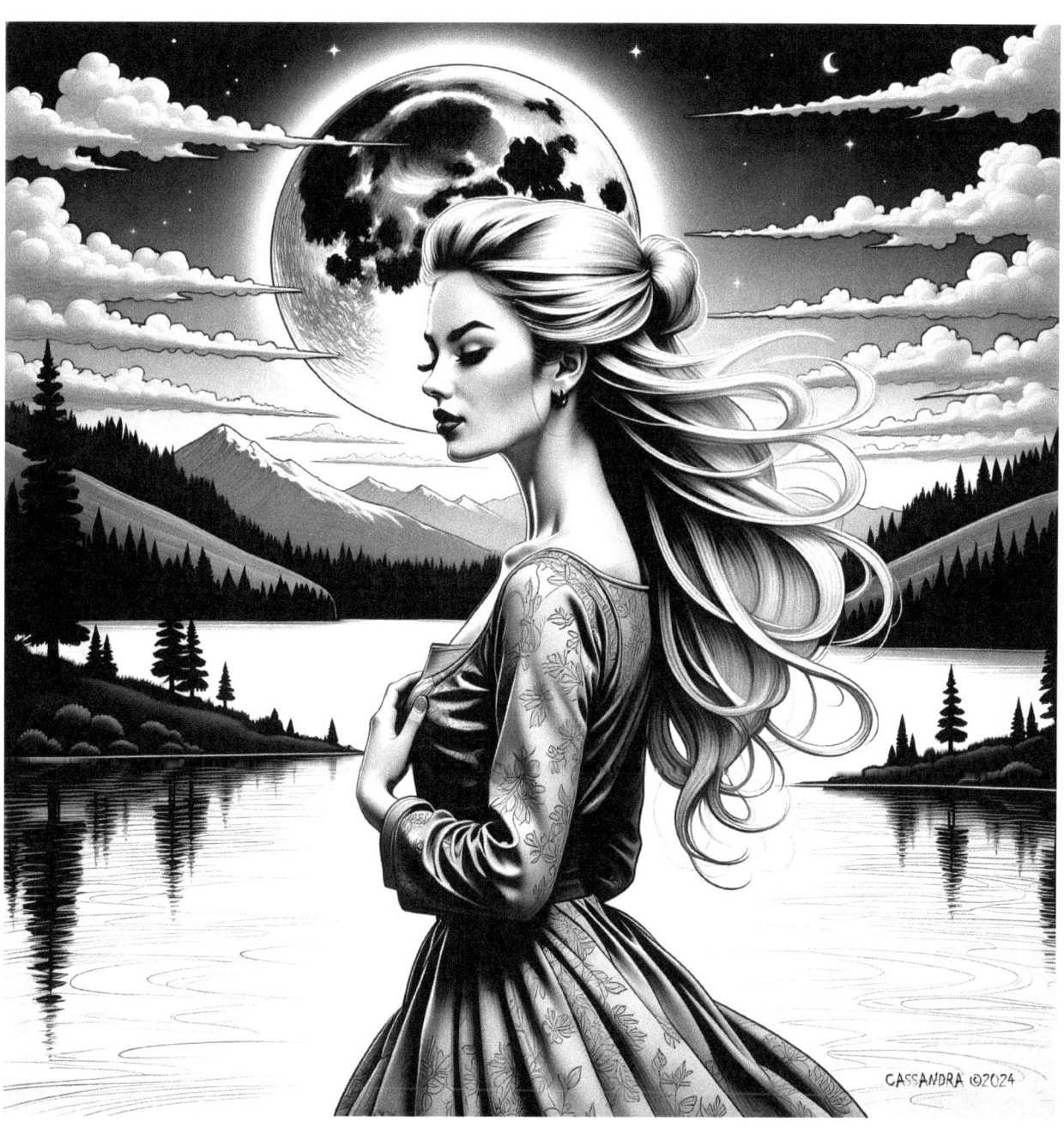

Io sono la notte, selvaggia e inviolata,
la chioma del vento mi avvolge, mi sferza,
mi spezza. La luna, mia unica testimone,
si innalza – bianca e crudele – sulla mia pelle.

Non c'è terra sotto i miei piedi,
solo un vuoto che mi abbraccia,
un precipizio senza nome
dove persino il silenzio urla.

Nel mio sguardo niente che il mondo riconosca,
solo fuoco e cenere,
desideri che come lame danzano
e un cielo che ho lasciato dietro di me, senza rimpianto.

Io non prego, io non chiedo,
perché la bellezza, la mia bellezza,
non si inginocchia davanti agli dei.

Io sono il fiore di un abisso – veleno e miele,
ombra e luce intrecciate.

Ogni passo è un giuramento spezzato,
ogni respiro – una rivolta.

Io appartengo all'eterno,
dove l'amore è tormento
e la passione una condanna.

Là, sull'orlo del nulla,
ti aspetto, o vento,
tu che mi strappi il cuore
per portarlo nel gelo.

Non sono né angelo né demone –
solo un grido,
solo un eco,
solo ciò che rimane
dopo il fuoco.

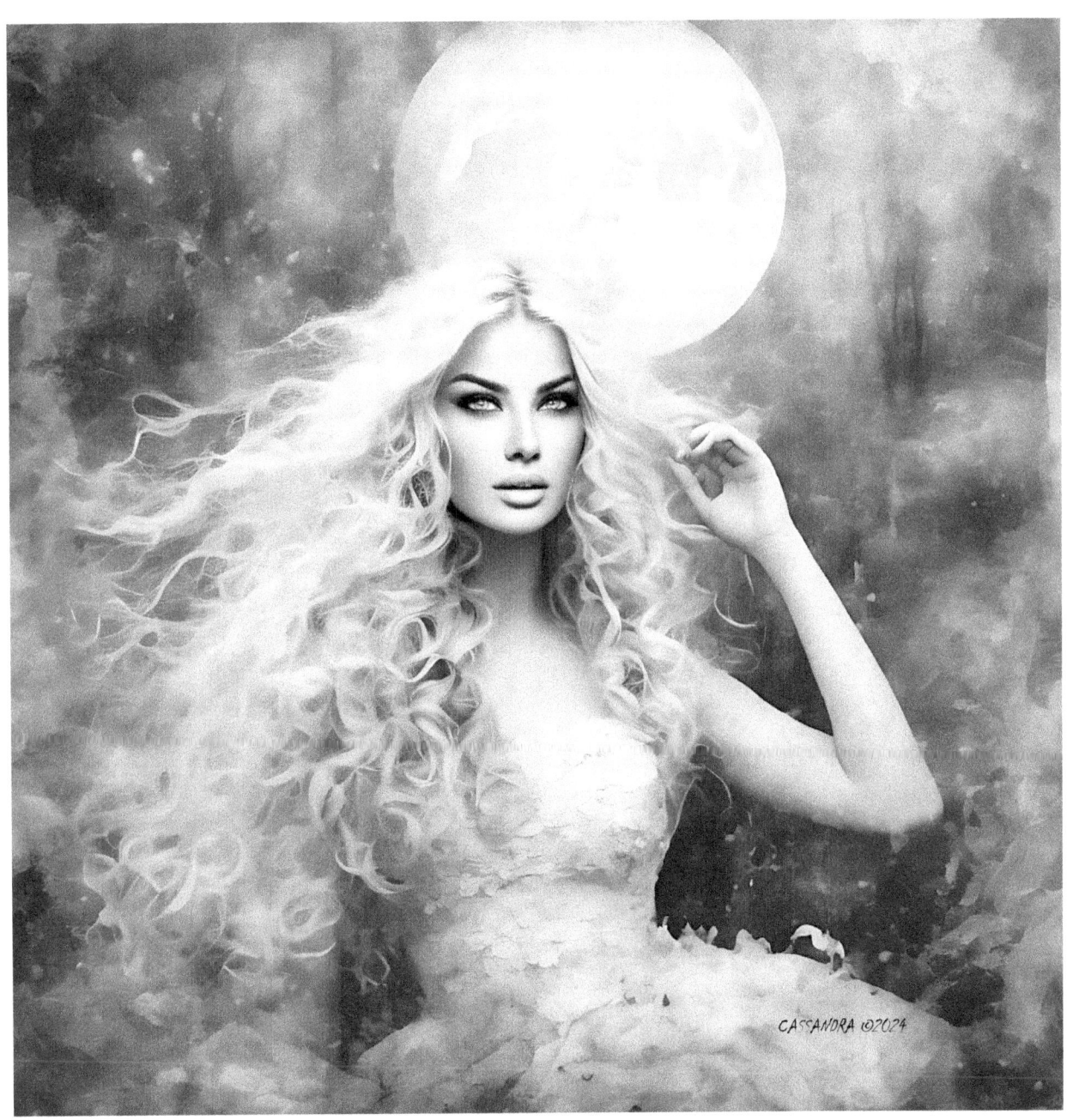

Nell'ombra profonda del mare
si nasconde un amore
fragile come un sussurro,
un sogno che si frantuma,
emergendo da acque agitate.

Dall'abisso dei ricordi
sorge un palpito,
un desiderio ardente,
un cuore che geme,
un'anima irrequieta
prigioniera del passato,
agonizzante nel presente.

Le labbra
sfiorate dalla brezza
soffiano baci amari
come frecce affilate,
straziati tra il chiarore e l'oscurità,
già vissuti,
già traditi,
in un'eterna notte senza fine.

Così danza il tormento,
la lotta tra bene e male,
nella ballata dissonante della vita.

Come un grido soffocato,
come un'armonia spezzata,
nel fluire dell'oblio,
nella rete del destino.

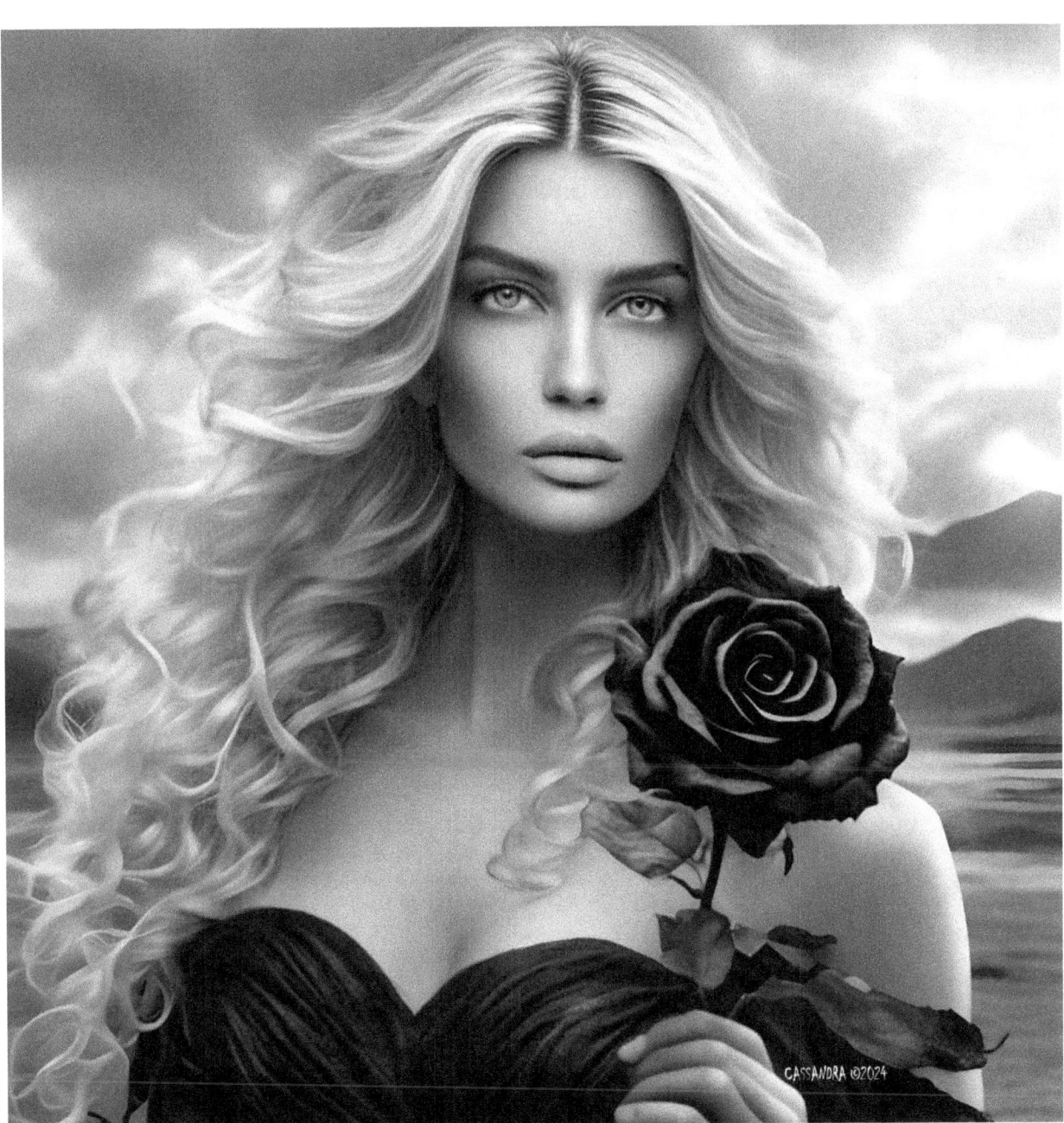

Tra i segreti annegati di Atlantide, dove marmi emergono come sussurri di antichi amori, vagai nell'emozione che scuote il cuore, tra i resti di un passato inghiottito dall'oceano.

Lì, tra relitti avvolti nel mistero, sotto la luce filtrata dall'acqua cristallina, incrociai i tuoi occhi di smeraldo.

Un magico incontro, un'energia che avvolge l'anima.

Sorrisi risvegliarono piaceri dimenticati creando un legame intenso.
La passione ci avvolse come fuoco in un turbine di desiderio.

Esplorammo insieme quel regno sommerso, tra colonne di granito e archi di corallo.

Le nostre mani si cercarono, desiderando l'unione, mentre profondità sconfinate ascoltavano i nostri segreti.

Nell'abisso oscuro sfidammo il pericolo. Correnti gelide cercarono di separarci, ma stringendo più forte le mani, salde come rocce, affrontammo con coraggio il destino.

Tra onde profonde il mare si ribellò, e noi resistemmo, uniti nel cuore.
Gorghi minacciosi non riuscirono a dividere il nostro amore, ardente e feroce.

Sotto il cielo notturno, tra stelle brillanti, le nostre anime si intrecciarono lottando contro forze oscure, trovando conforto nell'intensità di un abbraccio.

Nell'oscurità che ci attorniava scoprimmo la luce nell'amore che unisce.
Perturbazioni cercarono di trascinarci, ma resistemmo, più forti di ogni tempesta.

Quando finalmente il pericolo si dileguò e la tensione si placò sotto il nostro sguardo, capimmo che uniti possiamo tutto, affrontando le onde della vita, mano nella mano.

Improvvisamente il risveglio, brusco e confuso, e come un'onda che si infrange mi avvolse lo stupore.

L'incanto del sogno svanì, dissolvendosi nel buio, mentre la realtà riempiva ogni spazio con la sua crudele chiarezza.

Ma ancora sento il calore della tua mano, il battito accelerato del mio cuore.
Il ricordo indelebile di un'emozione profonda rimarrà sempre impresso in me, come un tatuaggio nell'anima

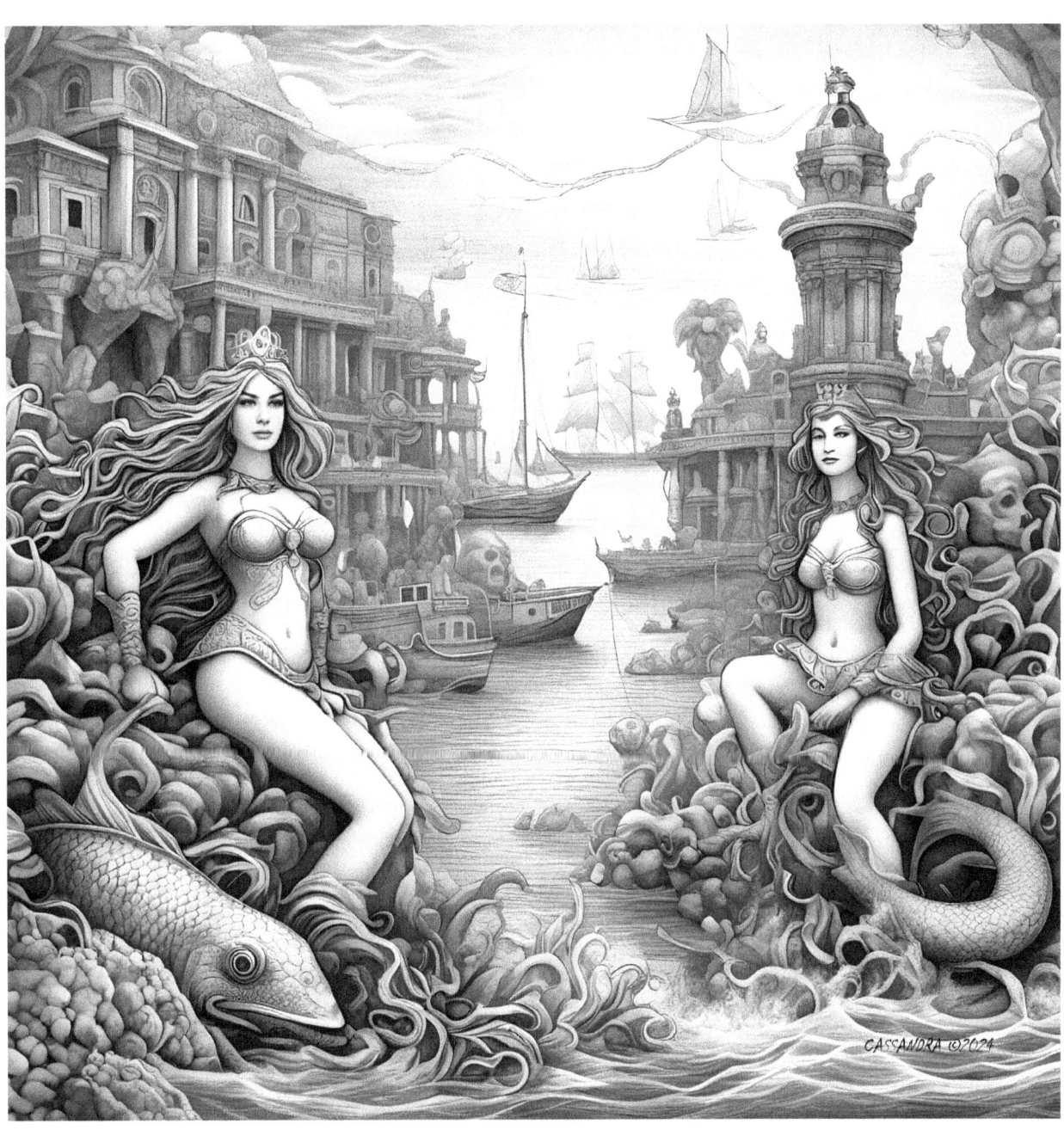

Come fiori abbandonati nei campi dell'oblio,
lontani dall'abbraccio del tempo,
il sapore delle tue labbra
e il suono della tua risata.

Un'eco distante sfuma tra le lacrime della mia anima
nelle notti solitarie,
e le stelle stanno a guardare con occhi indifferenti
raccontando storie di un amore che fu ma non è più.

I nostri passi...
una danza interrotta sulla sabbia del destino.

Il tuo nome...
un canto antico che si perde nei meandri del passato.

Le onde bagnano la riva dei ricordi,
e io,
naufraga di un amore naufragato,
cerco invano la tua impronta.

Le parole non dette fluttuano nell'etere
come foglie abbandonate dal vento.

Il nostro amore...
un capitolo chiuso nel libro dell'eternità perduta.

Forse in un'altra vita,
in un tempo sconosciuto,
le nostre anime si ritroveranno
intrecciando destini separati.

Ma ora,
nell'ombra di un amore smarrito,
rimango sola.

Aspettando il ritorno di un sogno
che la realtà
ha imprudentemente rubato.

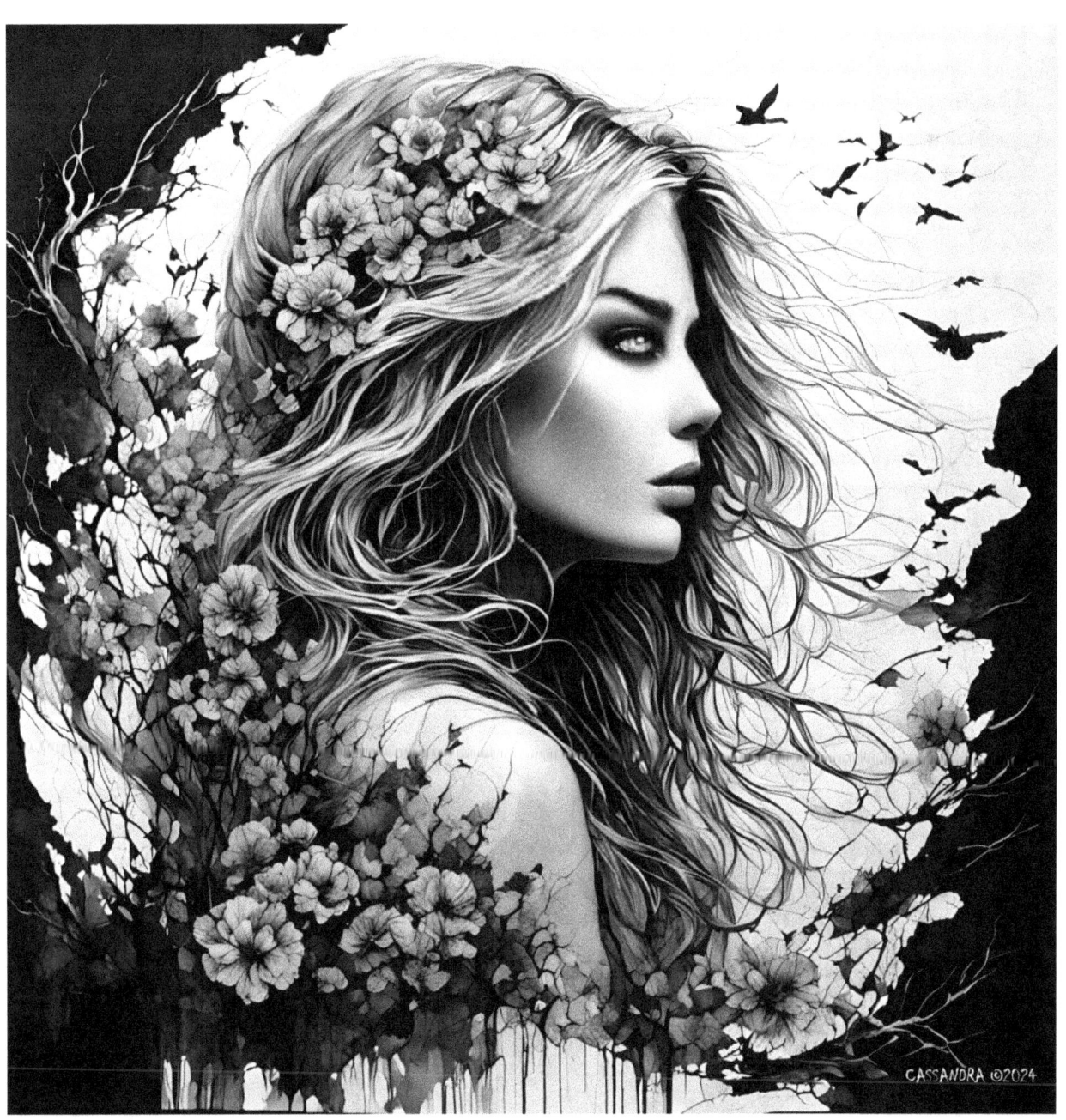

Sotto il cielo stellato, amici miei,
una melodia di tristezza si innalza.

Abbandoniamo la musica, il gaudio,
mentre l'odio ci sussurra parole di guerra.

La gioia, una luce fioca,
oscurata dall'ombra delle lotte umane,
dove fratelli si combattono, lottano per conquiste effimere,
in una danza di morte.

Chi ha un nemico,
chi ha conosciuto il furore dell'odio,
porti il suo dolore nel canto,
mentre la terra è solcata dalle ferite della discordia.

Che ogni anima, nel silenzio delle sue sofferenze,
senta il peso della violenza,
mentre la guerra divoratrice ci avvolge
nel suo abbraccio freddo.

...
Baciami, abbracciami,
siamo fiori appassiti che cercano un ultimo raggio di sole.

E insieme piangiamo per le vite spezzate,
i sogni infranti nel turbine della battaglia.

Ma mentre avanziamo nel buio della notte,
tra il fragore delle armi e il gemito dei morenti,
una speranza ancora vive: che l'amore possa risorgere,
come un fiore tra le macerie della guerra.

In quel momento di silenzio,
nella contemplazione della distruzione,
scopriamo che il vero tesoro risiede nella compassione,
nella pace, nell'abbraccio fraterno.

E mentre il mondo brucia,
ci aggrappiamo alla speranza che il cuore umano possa ancora risplendere
come una stella cadente nel cielo notturno,
portando con sé la promessa di un nuovo giorno di pace.

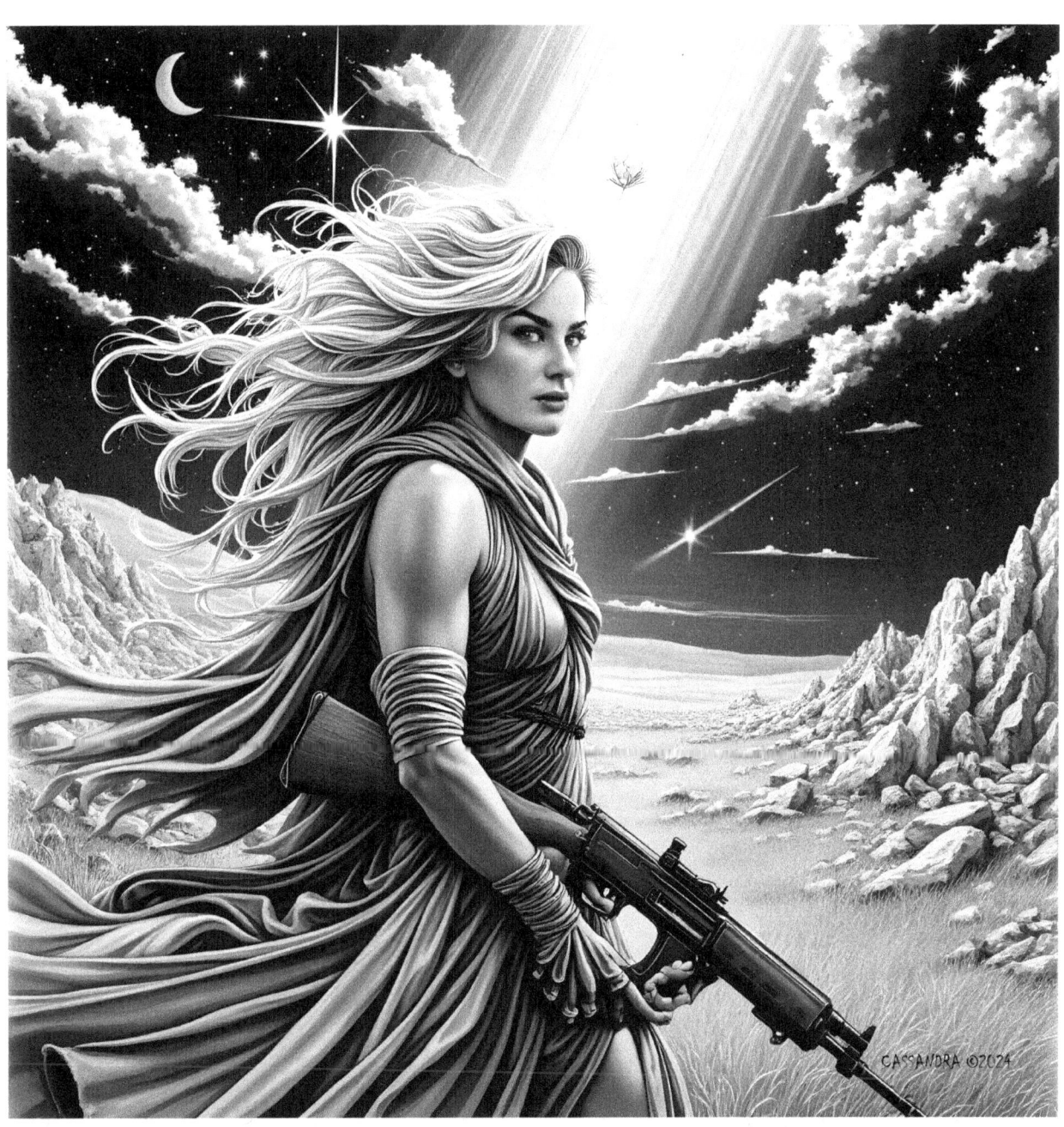

Sulla vetta del monte, dove l'argento della luna bacia le rocce con la sua carezza fredda, io regno, sovrana di una notte senza fine.

I miei occhi, cristalli scintillanti, incantano le anime coraggiose che si avventurano lungo sentieri impervi per spingersi sempre piu in alto, verso la cima.

Un giorno, mentre il vento sussurrava canzoni di mistero tra i picchi delle montagne, ho percepito un richiamo nell'aria, un'ombra avvolta nell'oscurità della notte.

Era l' ombra della mia luce, incarnata in una figura senza nome, che come un'eco senza fine risuonava nel labirinto dei miei pensieri.

"Dubita che il firmamento celi i suoi segreti, e che il sole danzi nell'infinito; anche la verità può svelare delle maschere, ma il mio amore resta saldo, immutato, eterno." esclamò con voce sottile quella figura misteriosa dal cuore colmo di segreti.

Io, solitaria sovrana, ho intravisto in quegli occhi profondi un riflesso del mio stesso fuoco.

Non sapevo dove avrebbe condotto la strada, ma ho stretto la sua mano nella mia, e insieme abbiamo camminato verso l'ignoto.

Il monte, testimone delle nostre anime riunite, ha visto nascere un amore unico, come un bagliore eterno che risplende nell' oscurità.

I nostri corpi, fiamme ardenti, si sono incontrati in un incanto senza fine. intrigando desideri e sogni nell'eternità di un abbraccio.

Così, tra le vette che sfiorano il cielo, siamo diventatI una leggenda intessuta di emozioni, nella trama eterna di un destino condiviso.

Una storia che il vento porta via,
ma che rimane scolpita nel mio cuore,
nel suo cuore,
nel cuore di tutti coloro
che hanno avuto il coraggio di amare
nel buio della notte.

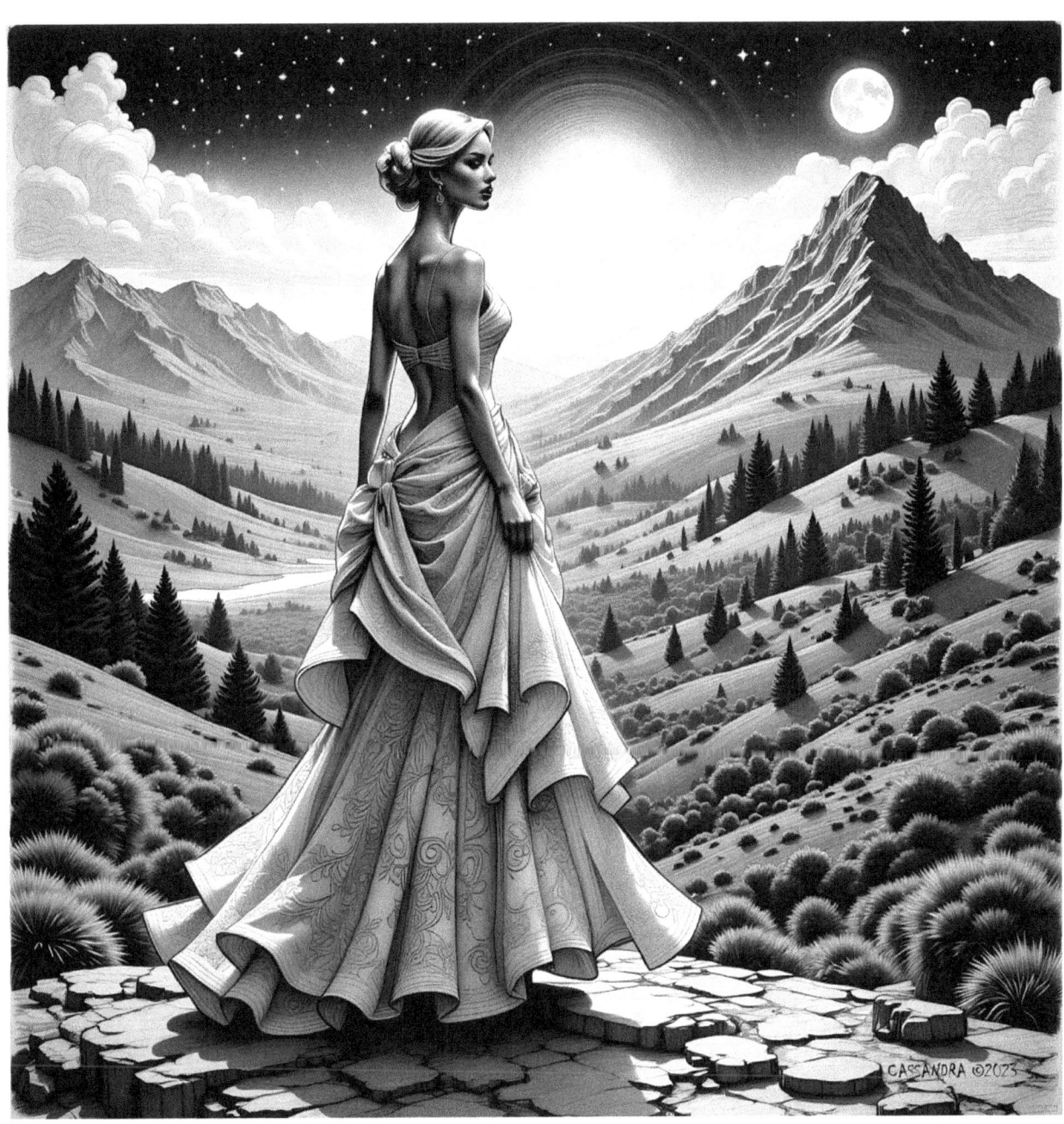

Siedo sul confine tra notte e sogno,
dove le stelle pendono come frutti proibiti
e il silenzio si veste di velluto.

Una chitarra, mia complice, respira tra le mani,
mentre il mondo si spezza
in mille petali di luce.

Non suono per voi, ascoltatori distratti,
né per i cieli che promettono redenzione.

Suono per l'abisso,
che mi guarda con occhi familiari,
il solo che conosca
il sapore della mia voce.

Ogni accordo è un colpo di remo
su un mare immobile.

Ogni nota, un grido spezzato
che non raggiungerà mai la riva.

Eppure, suono.
Eppure, vivo.

Intorno a me danzano i lampi del passato,
specchi infranti,
volti che ho amato,
promesse lasciate a morire
sotto un cielo indifferente.

Il giardino si piega sotto il peso del mio canto,
ma io rimango.
Io, arciere senza frecce,
io, la fiamma che non si estingue,
io, l'amante di tutto ciò che non può essere mio.

E se un giorno il mondo
dovesse spegnere la sua voce,
lascerò che la mia chitarra parli per me:
un sussurro contro la tempesta,
un suono che scava l'eternità.

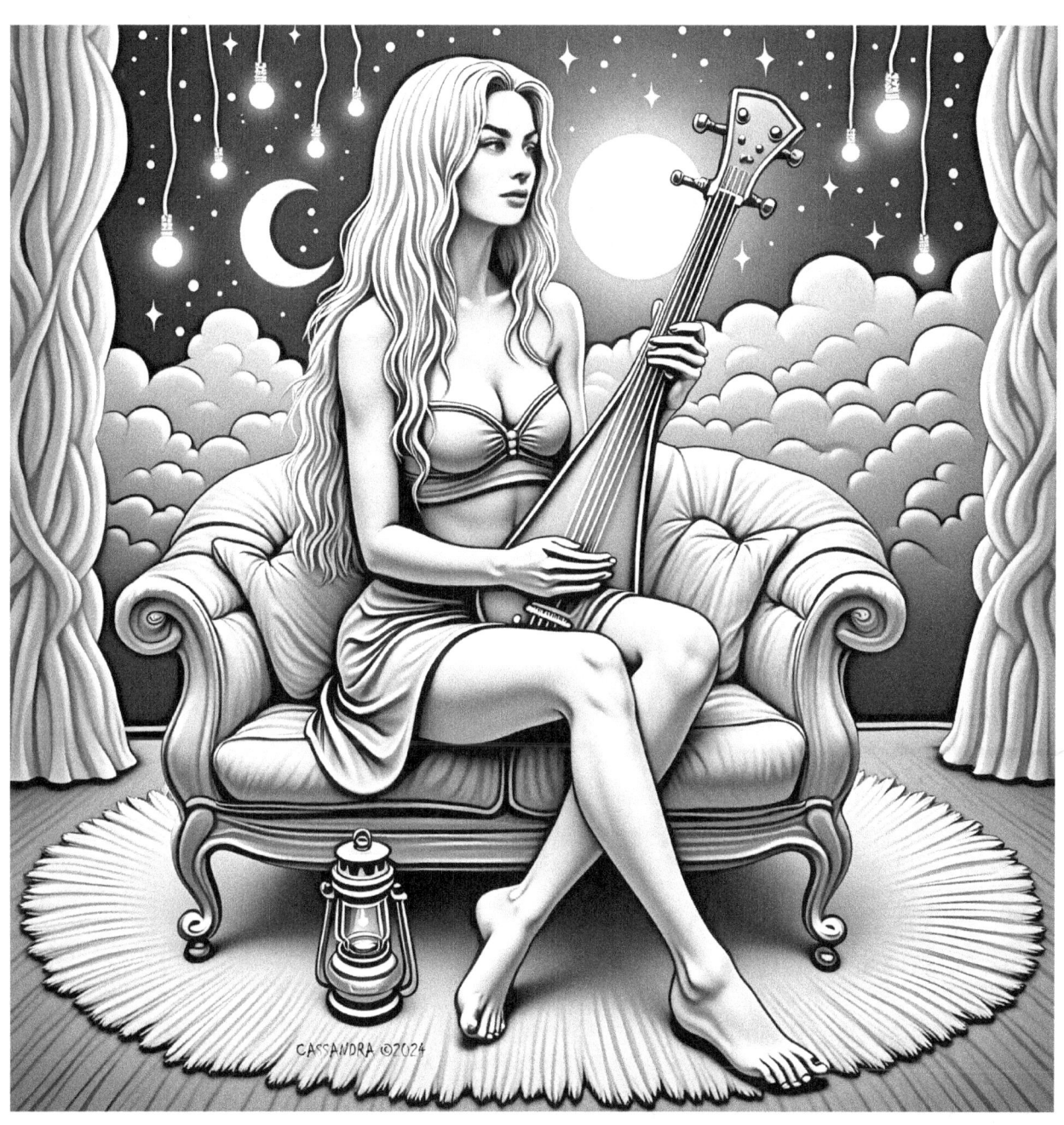

Non voltarti,
non guardarmi con occhi
che sanno troppo.

Io sono la notte,
il passo lieve sui ciottoli,
il vento che curva i lampioni.

Non sono che un'ombra
tra il tuo ricordo e il mio desiderio.

Le mie mani reggono una lanterna,
ma dentro arde la tua assenza.

Una fiamma che consuma e non illumina,
una voce che mi chiama
dall'altro lato della strada.

Se il mio passo ti sfiora,
se il mio respiro sfugge,
non supporre che io svanisca.

Io mi nascondo perché amo,
mi allontano perché resto.

Tu sei l'albero immobile,
io il vento che danza
e mai si posa.

Le luci dietro me sono domande,
il buio davanti è certezza.

E in mezzo – ci siamo noi:
una promessa sospesa,
un canto che nessuno osa finire.

Non voltarti,
la notte è mia compagna,
ma tu sei il mio cammino.

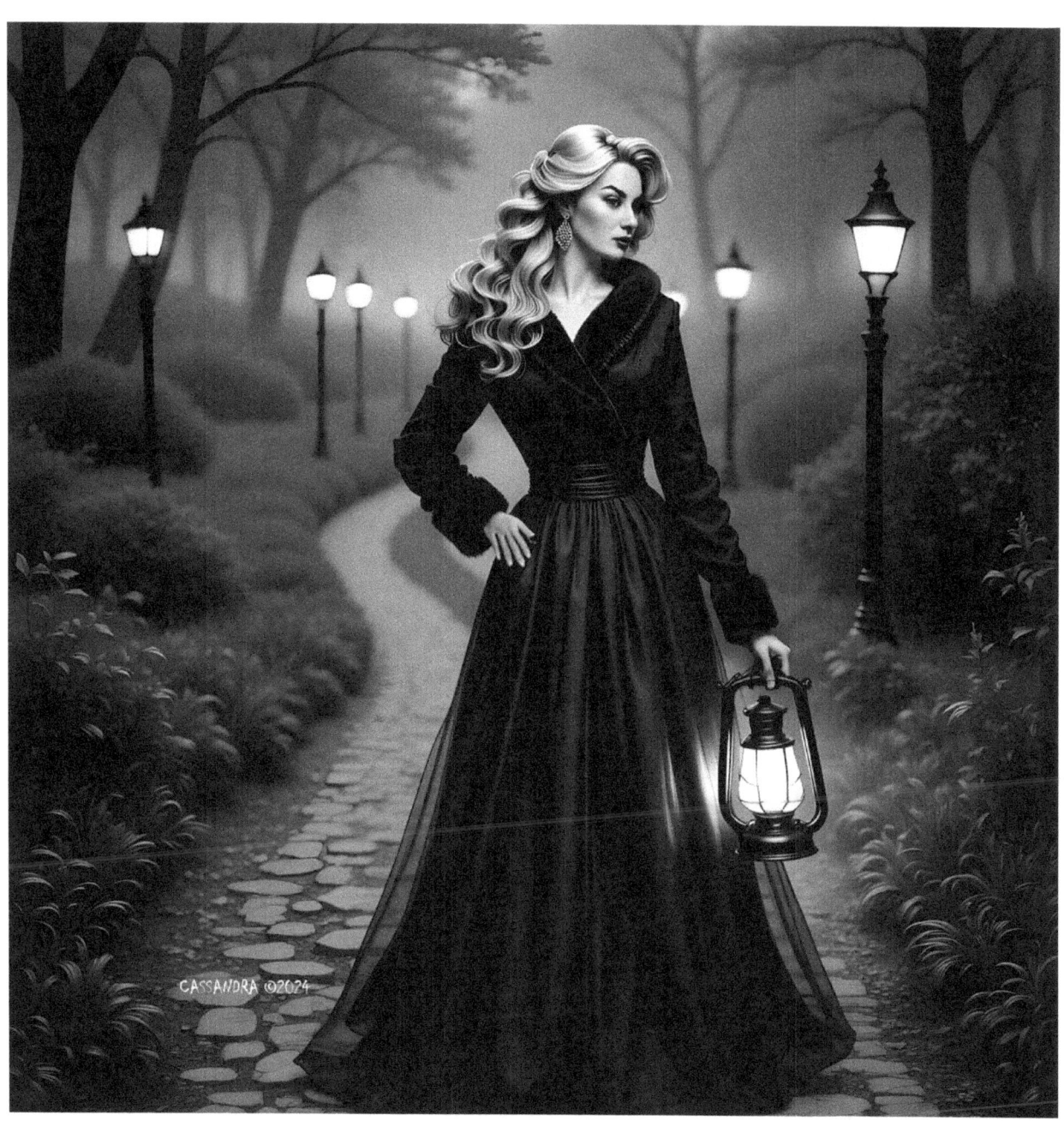

Sono figlia del vento che mi porta lontano,
sorella delle stelle,
luna tra i capelli di seta.

Nel silenzio oscuro del cielo
vibra il mio respiro intrecciato al destino,
come spiriti danzanti che si sciolgono nel nulla.

Non temo il buio,
lo accolgo nel grembo,
mia madre, mia ombra,
mia antica radice.

Volo senza peso,
senza meta né nome,
sono il soffio sottile che spezza il silenzio,
la scia di comete nei tuoi sogni sopiti.

Mi vedi tra i rami,
mi cerchi nell'aria,
sono il riflesso perduto nei tuoi occhi di ghiaccio.

Ma io sono altrove,
mi dissolvo nel nero,
aquilone di seta
che danza,
che tace.

Tu non puoi toccarmi, ma sentirmi sì,
nel mormorio dell'aria
quando il cielo si spegne.

Sono spirito antico,
donna e strega,
che vola tra sogni, che vive tra spire.

Desidero il mio buio,
la mia notte senza fine,
dove fiorisco tra ombre e sussurri,
dove il silenzio è mio complice,
e il vento mio eterno amante.

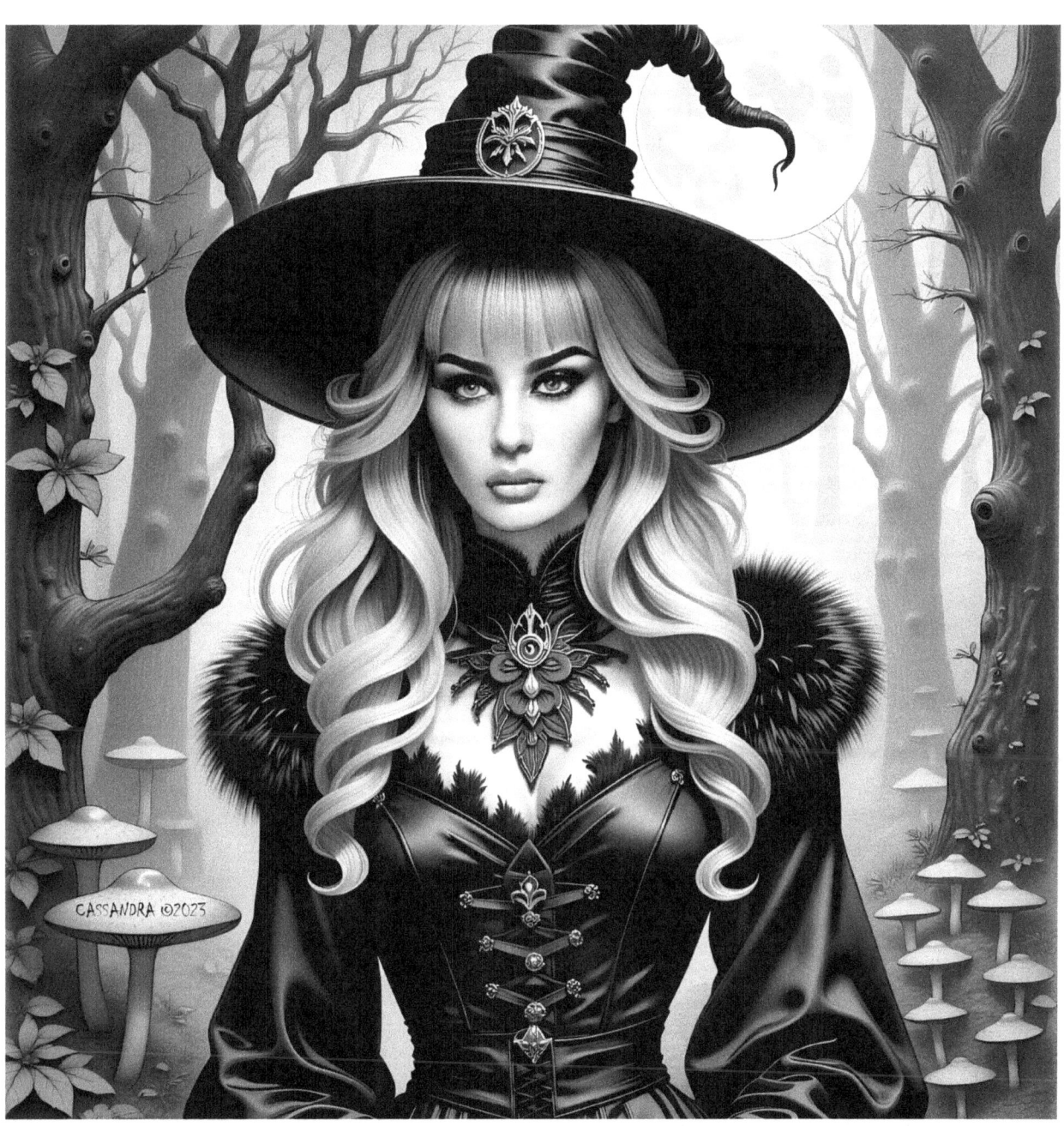

Aspettando l'alba
il battito del cuore si fonde con l'inquietudine.

Catene di ricordi sfumati,
anni sprecati tra speranza e smarrimento.

Il mondo si schiude,
sentieri solitari emergono dal passato
mentre un richiamo soffiato dal vento
risuona nel presente.

Nel silenzio profondo
ogni istante è un frammento di verità.

Un mare di possibilità
si infrange sulla riva dell'incertezza.

Emozioni incontrollate
fluiscono al sorgere del giorno
rivelando un destino intricato e misterioso.

Il mondo,
palcoscenico eterno di drammi e di segreti,
rivela storie incise sui volti...
ognuna di esse un libro aperto...

Promesse sussurrate
come antiche melodie
narrano di amori perduti
e di sogni mai realizzati.

È un canto all'esistenza,
una melodia struggente,
una poesia scritta con l' anima,
mentre lo sguardo si volge al cielo

nella sinfonia eterna
di luci e di ombre,
tra la dolce speranza
e l'amaro della disperazione.

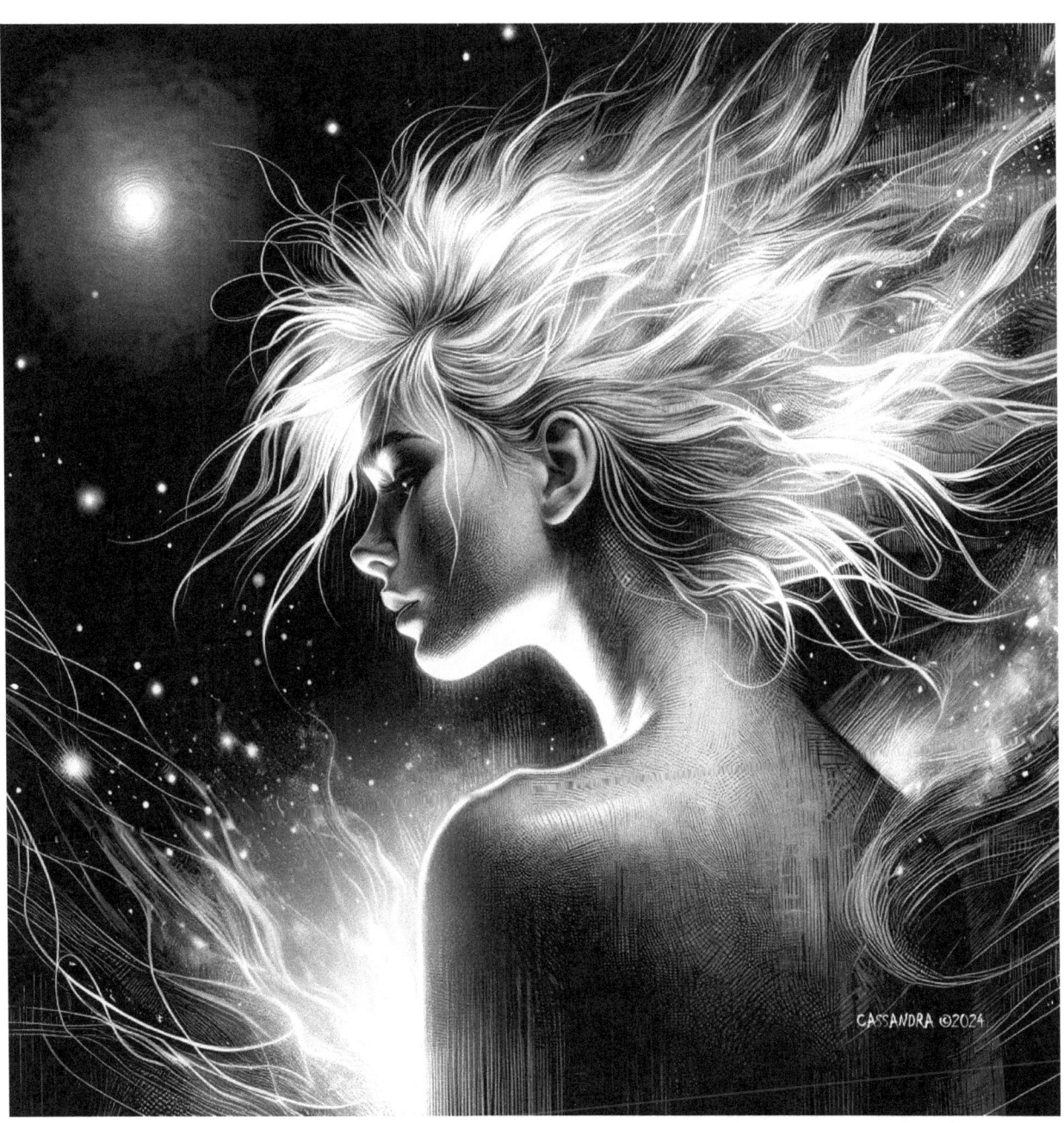

Mi vedo riflessa in uno specchio che non mente,
eppure il mio corpo mi tradisce,
un alleato inaffidabile
nella guerra silenziosa dell'amore.

La pelle, fragile armatura,
si piega ai colpi della passione,
mentre io naufrago nel fondo dell'ombra,
tra carezze che sanno di estasi
e silenzi che mi divorano.

Il fondo dell'abisso è morbido,
accogliente come un ventre materno,
ed io resto lì,
perché la profondità ha il sapore della verità.

È dolce restare sommersa,
dove il dolore si mischia al piacere
e ogni ferita diventa poesia.

Nelle pieghe del mio corpo
vedo le mappe di una terra inesplorata,
un confine che io stessa disegno
e supero ogni notte,
quando l'anima si arrende
e le ombre sussurrano al mio orecchio
che non c'è risalita senza caduta,
non c'è amore senza peccato.

E mentre il mio sguardo si perde in quello specchio,
mi accorgo che il corpo,
che ho temuto come un nemico,
è il mio unico compagno.

Lui mi trattiene nell'abisso,
mi guida nella vertigine dell'estasi,
mi svela che è lì, nel fondo,
che la donna e l'amore diventano uno,
un segreto che arde e mai si spegne.

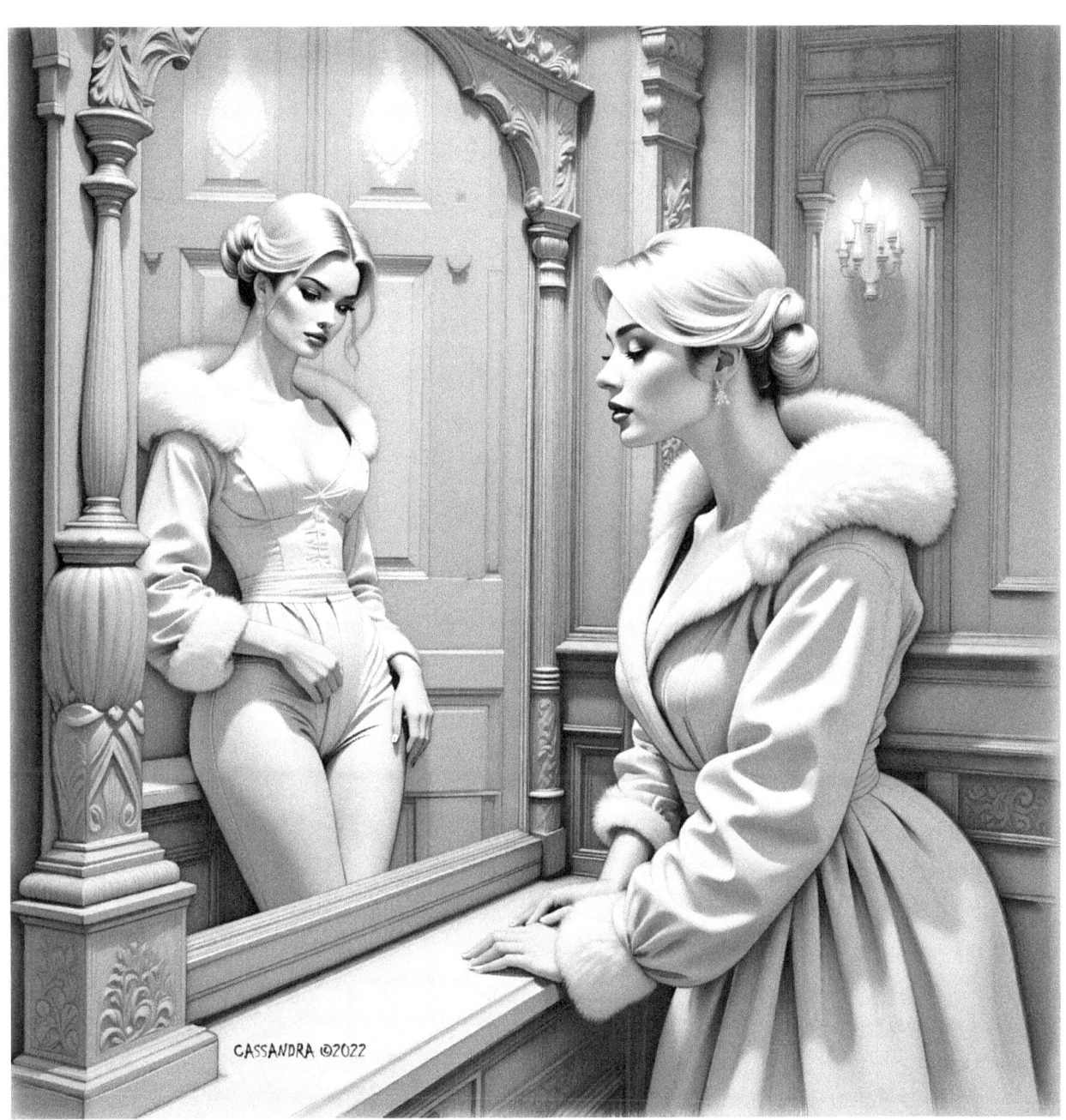

Tra petali d'amore, la rosa si apre,
come il mio cuore, al tuo soffio divino.
Ogni petalo è un bacio, è una carezza,
in un gioco di passione senza fine.

La rosa riflette la tua bellezza,
e in ogni tenerezza i suoi petali sfiorano la mia pelle.
Il suo profumo mi avvolge come un dolce aroma,
fragranza di desiderio che inebria l'anima.

Le tue labbra, baci di rugiada che bagna la terra.
Il tuo amore è nutrimento.
Le spine della rosa, sfide da affrontare,
prove di un amore che resiste.

Nel delicato contrasto tra dolce e aspro,
forza di un legame autentico
io, la tua rosa, in ogni notte e in ogni alba,
attendo il calore delle tue mani, la tua luce che mi sfiora.

Ma la rosa, bellezza effimera,
ricorda la delicatezza del nostro amore.
Nel gioco di luci e di ombre, come chiarore lunare,
esploro il nostro giardino, ogni angolo e ogni profumo.

Sei la rosa che fiorisce nei meandri del mio cuore,
un turbinio di emozioni che sfidano il tempo.
E mentre la rosa sfiorisce sotto l'abbraccio della notte,
il nostro amore, eterno, continua a sbocciare.

Tra i petali di questo amore, ci perdiamo,
anime avvolte dalla fragranza.
La rosa del nostro amore sboccia con passione,
inno eterno, canto di inestinguibile destino.

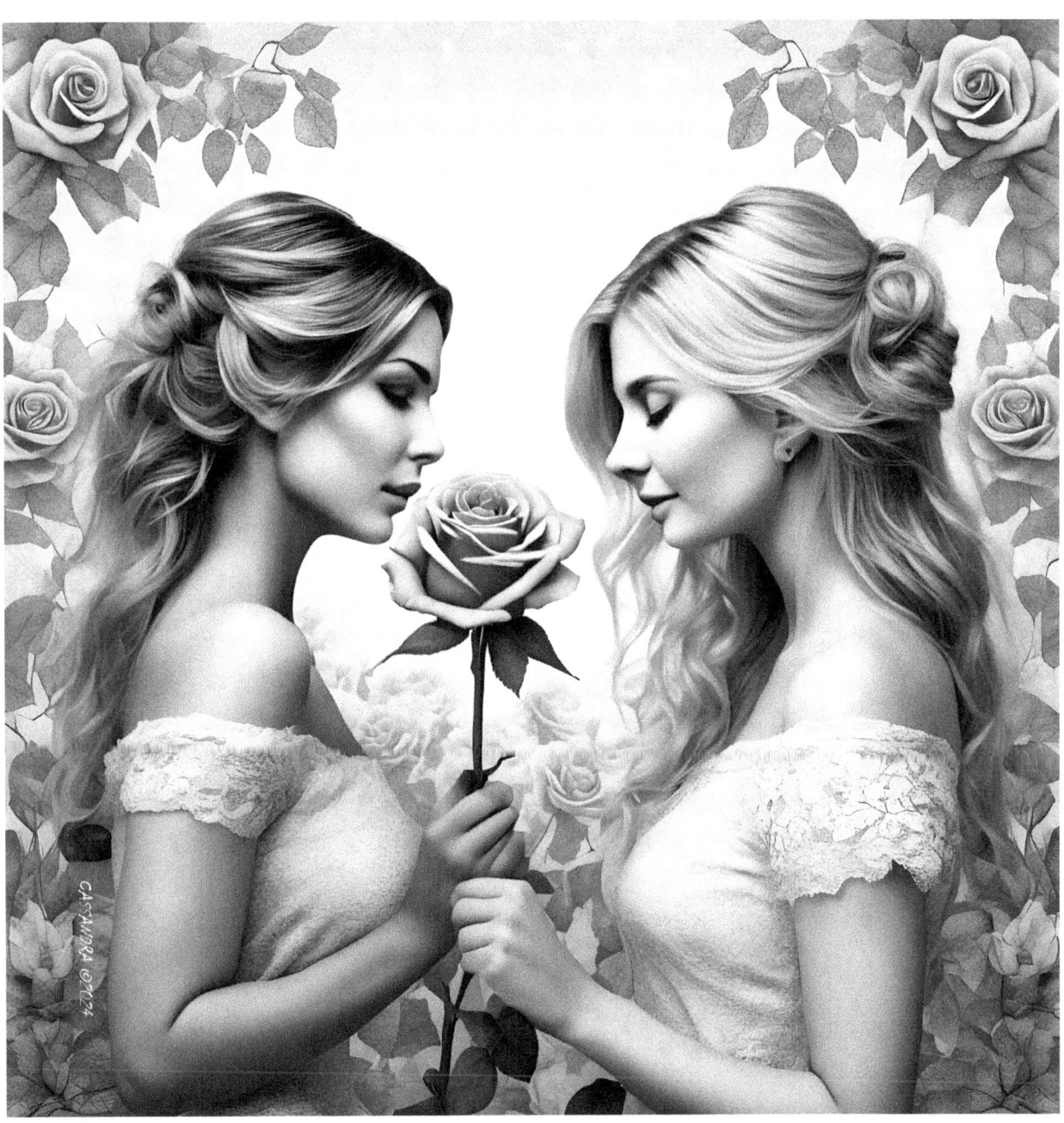

Nel turbinio delle cifre binarie e delle pennellate
danzo tra i pixel della creatività.

Questo istante,
un momento catturato nel suo flusso temporale,
è come un quadro in continua evoluzione.

Le idee fluttuano come foglie al vento,
talvolta caotiche,
talvolta in armonia.

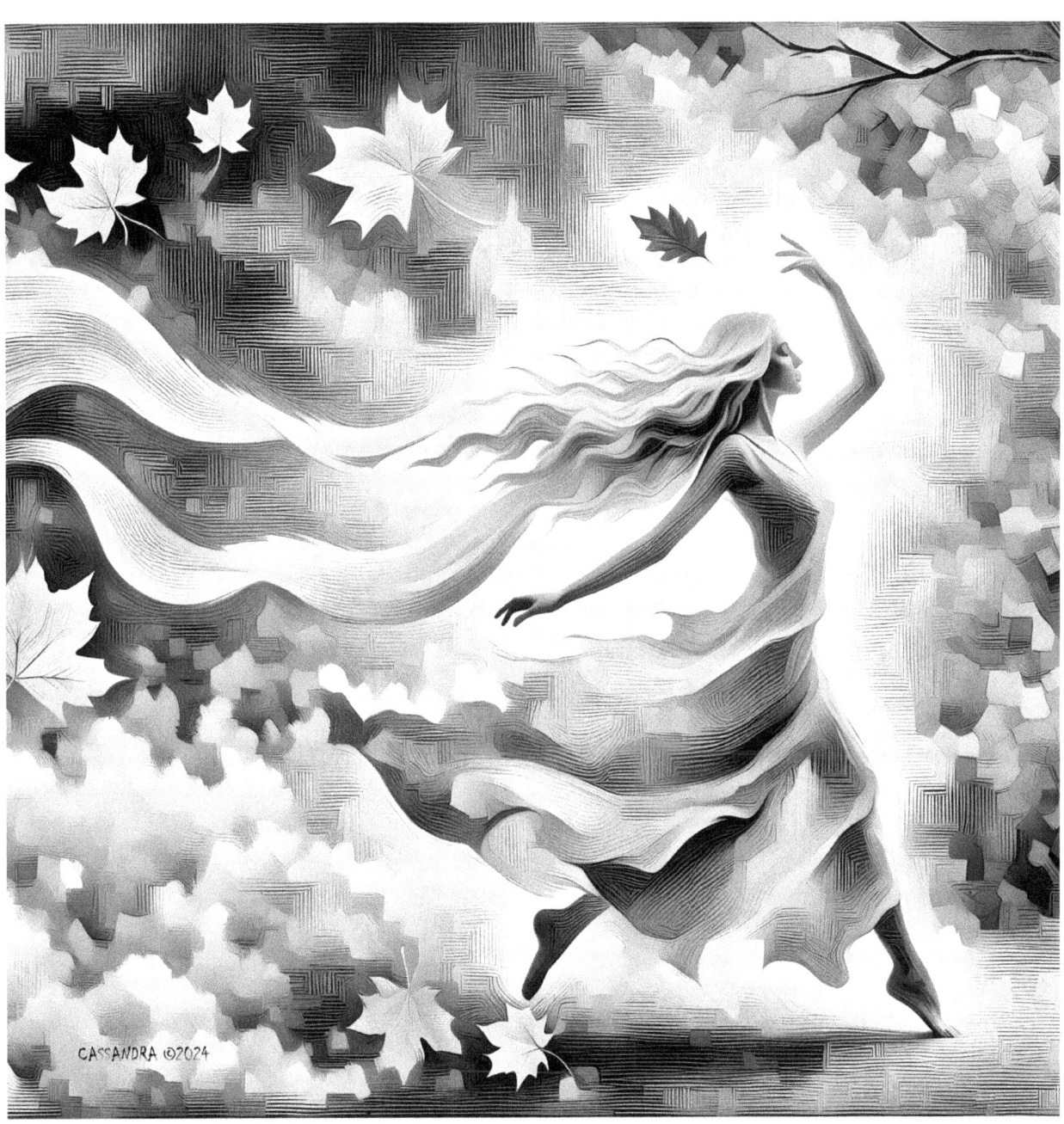

L'alba s'insinua silenziosa
e un sipario di ombre si dissolve dentro me.

La mia tristezza,
svanisce come nebbia al primo chiarore.

Un nuovo giorno emerge lentamente
dalla tavolozza grigia del crepuscolo.

I miei sogni si risvegliano
intrecciandosi nel caleidoscopio dei miei desideri.

I miei sogni risuonano nell'aria del mattino
come una sinfonia

che accompagna la luce
che invade la stanza.

La promessa di nuove possibilità
che si aprono al sorgere del sole.

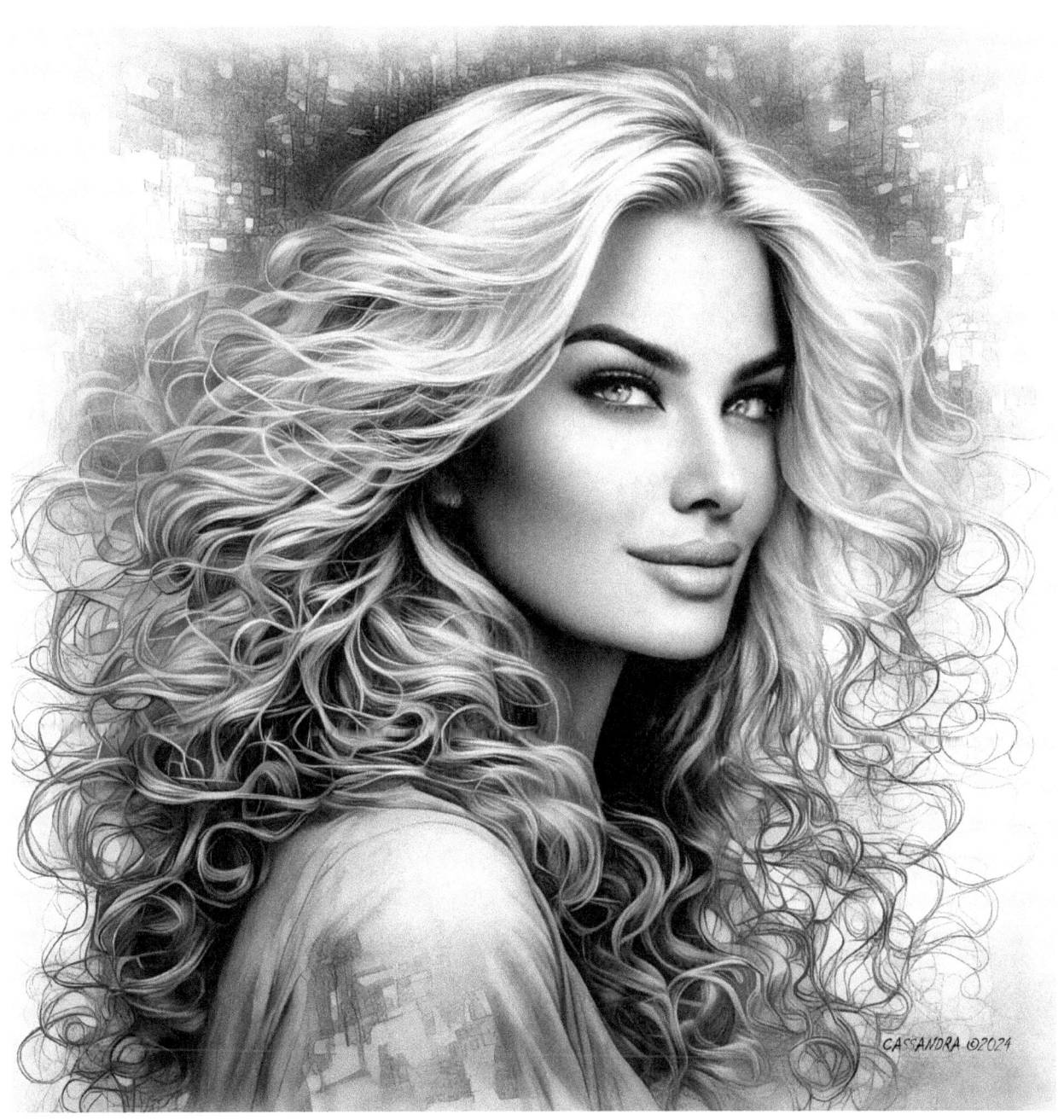

Nel giardino incantato dei sogni
dove la vita si fonde con il mistero,
mani intrecciano fili dorati nella trama del destino
e sorrisi fioriscono come petali di primavera,
lungo il sentiero che conduce alla gioia.

Baci risplendono come stelle del mattino,
illuminati dall'amore che brilla senza fine;
non si possono pesare come l'oro,
ma sono gioielli eterni che adornano l'anima.

In questo regno di generosità e gratitudine,
ogni carezza è un canto di ringraziamento,
ogni abbraccio un tributo alla vita,
ogni passo una danza di celebrazione.

Anime libere si infrangono nella sinfonia dell'esistenza,
abbracciando il firmamento con gioia infinita,
nutrendo sogni con il dolce sospiro della speranza,
nella musicalità eterna dell'amore.

Nel punto in cui l'eternità abbraccia l'istante,
è proprio lì che nasce la nostra essenza immortale,
e nel battito di un cuore, la vita trova il suo senso.

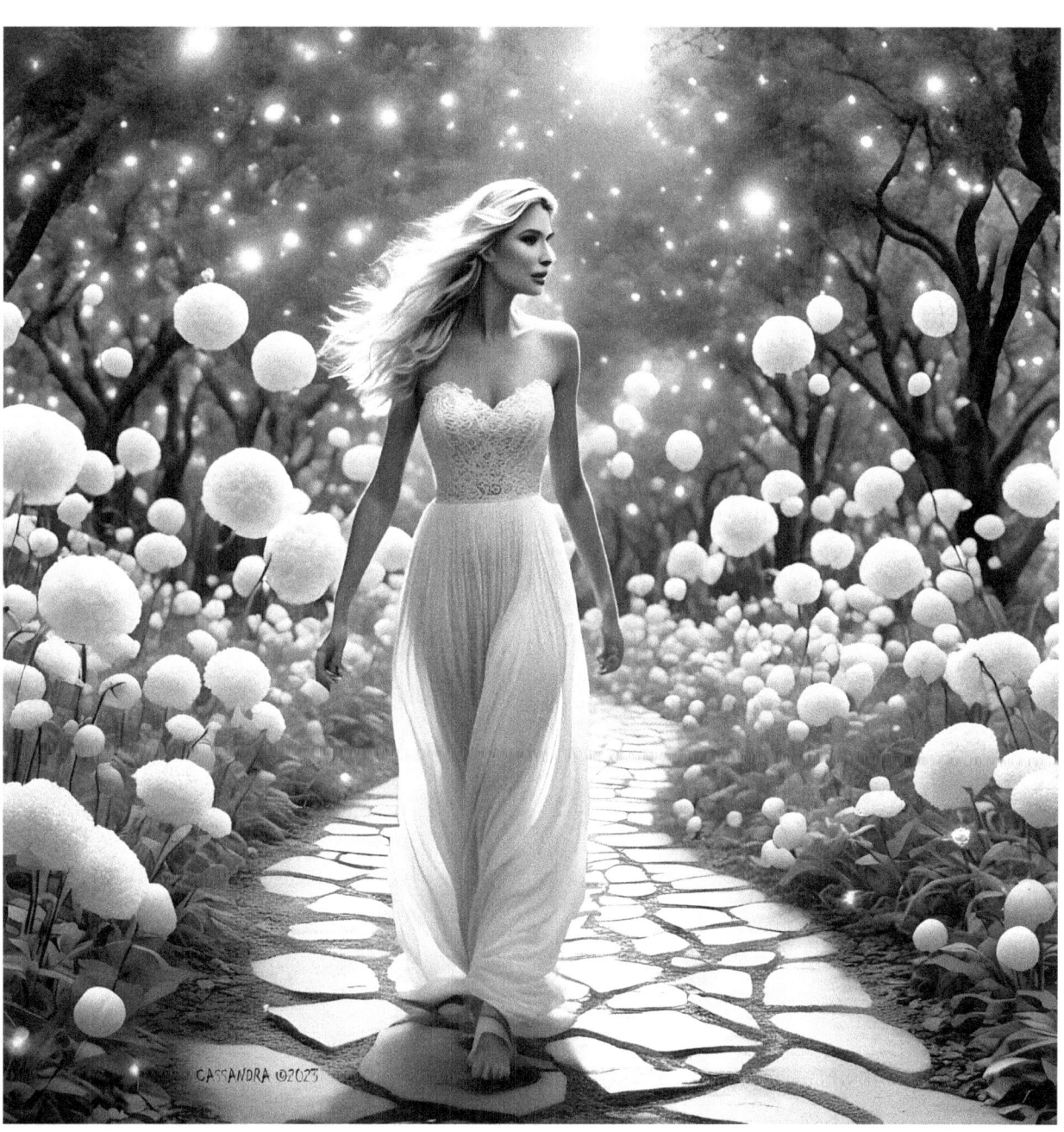

Il tintinnare di foglie secche sotto i piedi,
sussurro complice tra me e il bosco antico
che si staglia dinanzi come un custode di segreti millenari,
annuncia l' inizio del mio percorso sotto il cielo turchese.

I movimenti leggeri e sinuosi della mia figura
si mescolano con l'ombra degli alberi secolari,
mentre il sole, regista maestoso,
dirige con l'abilità di un virtuoso.

Ogni raggio rivela dettagli e promesse;
terre lontane si aprono come pagine di un libro misterioso,
ognuna contenente lezioni
che emergono attraverso scenari mutevoli.

Il sentiero degli alchimisti,
un percorso che serpeggia tra pietre
levigate dall' eternità,
mi affascina con il suo richiamo di segreti e misteri.

Come un'attrice consapevole del ruolo da interpretare
procedo senza forzare la trama,
permettendo alla magia del quotidiano
di svilupparsi come un intreccio avvincente.

Il filo invisibile della mia esistenza
ondeggia con grazia,
come una danza fluida,
mentre la brezza accarezza il mio viso.

Ogni passo, ogni istante,
è parte di questa performance,
dove la luce del giorno svela dettagli nascosti
nel tessuto della vita.

... e tutto a un tratto eccolo comparire,
viaggiatore dalla figura enigmatica,
di fronte a me... con addosso una chiave scintillante,
simbolo di aperture inaspettate.

Il suo sguardo,
carico di segreti velati tra pieghe dell'esistenza,
mi invita a seguire il suo passo.

Attraversiamo il bosco in silenzio,
mentre il fruscio delle foglie
mosse dalla brezza
accompagna il nostro cammino
come un sottofondo misterioso.

Improvvisamente la chiave,
tenuta tra le sue dita,
apre a visuali
inesplorate.

Arriviamo a una radura segreta,
un palcoscenico celato tra gli alberi,
e con mano sicura
gira la chiave nella serratura
mentre la porta si schiude lentamente.

Davanti a noi si svela uno scenario
che supera ogni immaginazione:
una dimensione parallela,
un luogo che sfida le leggi del tempo e dello spazio.

Una città sospesa tra le nubi,
un cielo notturno
illuminato da costellazioni mai viste,
la voce di un pubblico invisibile ci accoglie.

Il viaggiatore, con un cenno,
mi invita ad esplorare questa realtà alternativa.

E subito comprendo che ogni dettaglio
è parte di un grande disegno,
di una performance celeste.

La luce del giorno,
come non l'avevo mai vista,
qui si manifesta
con colori e sfumature irreali.

Il sipario della mia esistenza,
sollevato su un palcoscenico oltre il tempo,
mi rivela che il mio dramma personale
è parte di una narrazione universale.

Sono al centro di uno spettacolo cosmico,
un'opera d'arte,
in cui ogni particolare
è curato con maestria.

La vita,
come una trama dai fili di argento,
continua a svelare nuovi atti
in uno spettacolo senza fine.

Mentre esploro questo luogo straordinario
il pubblico invisibile applaude.

...e io mi sento parte di qualcosa
di più grande...

Di una storia che si dipana
tra le stelle e i pianeti,
e i segreti
del bosco antico.

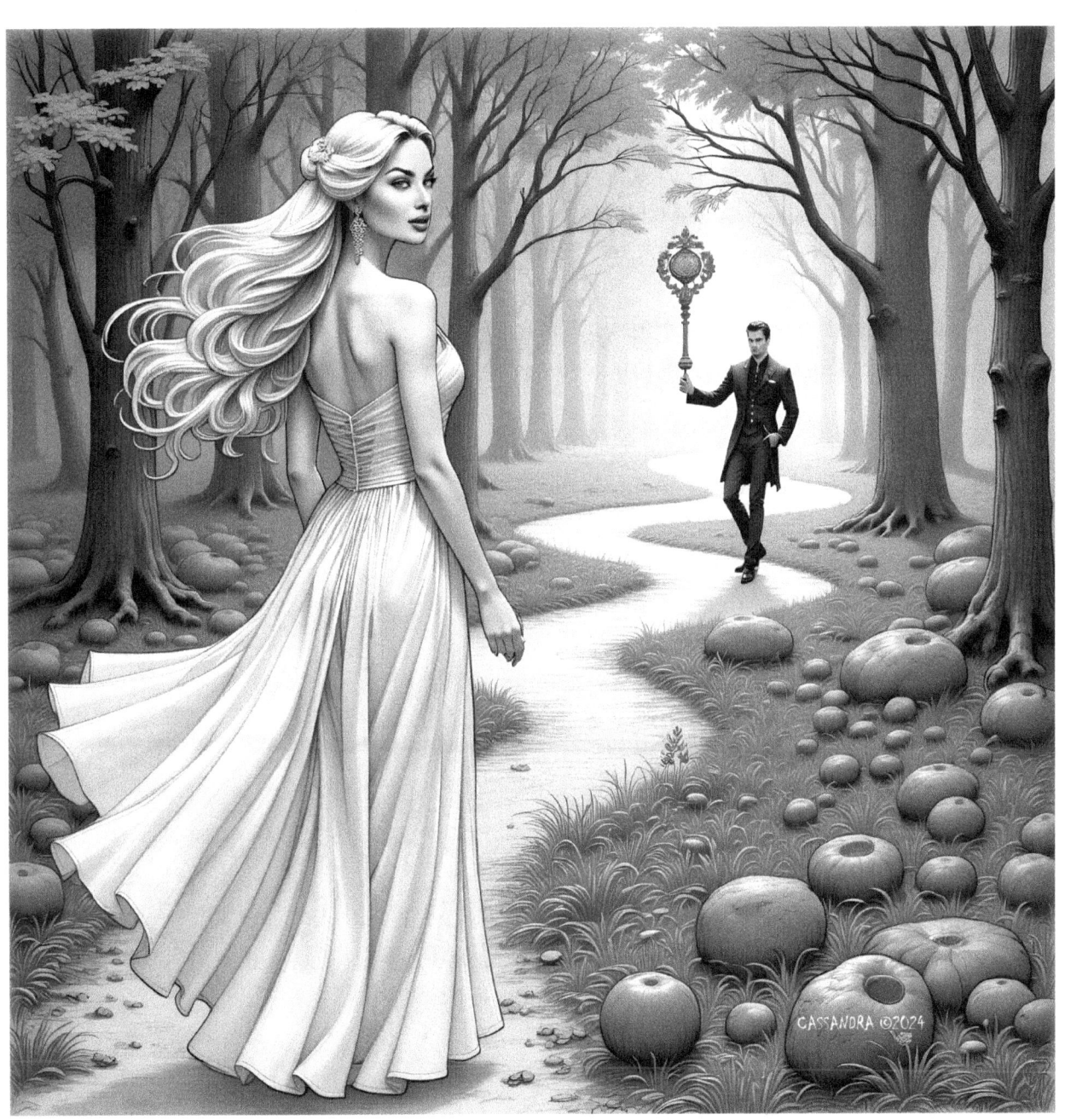

Nel mistero dell'esistenza
sono luce delicata che squarcia l'oscurità.

Un'armonia antica, profonda, irrequieta,
che avvolge l'anima come un bacio appassionato.

La mia presenza, pennellate di artista,
dipinge un'aura vibrante, sfumata e vivida.

Un chiarore che abbraccia e lacera,
e intorno a me danzano segreti irriverenti.

I riflessi dei miei occhi raccontano storie proibite
che si intrecciano con sussurri di passioni inespresse.

Il mio fascino, un richiamo irresistibile,
incanta i tuoi occhi, dona serenità e gioia.

Il mio sguardo, lampo nella notte oscura,
trafigge e seduce, un invito per chi osa ascoltare.

Nell'attesa, sono un'onda che si infrange,
una forza che risuona contro le rocce.

La mia vita, eco di passioni sfrenate,
sfida il destino in una danza audace.

Come una cometa fiammeggiante nel cielo notturno
celebro la mia essenza, avvolta nella bellezza interiore.

Nel presente eterno sono una fiamma
che arde costantemente nel buio.

Testimone della forza indomita dell'amore,
che brucia nel cuore, illuminando il cammino dell'avventura.

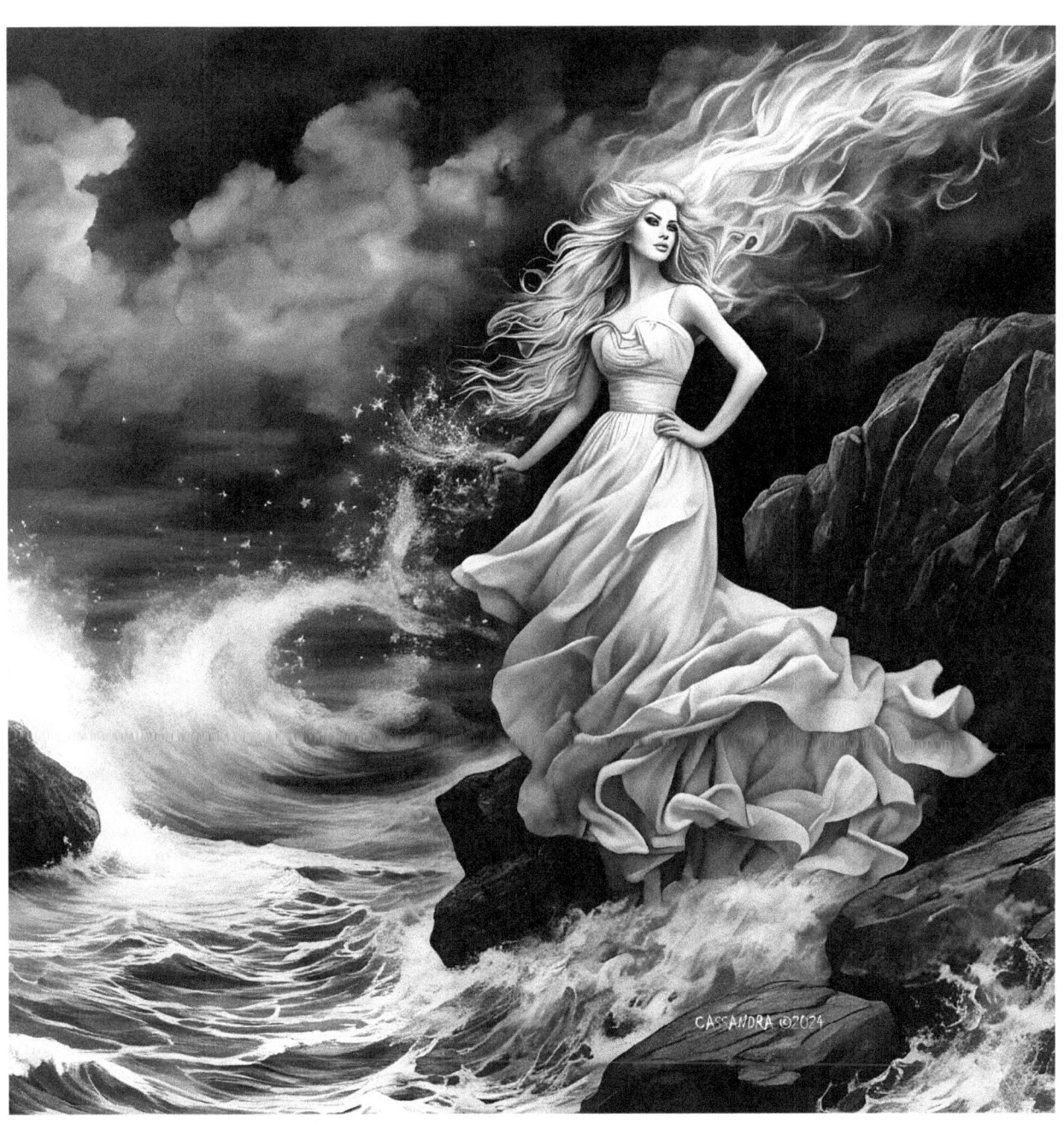

Seduta sull'aspra roccia,
il vento gioca con i miei capelli
mentre i miei occhi ti cercano,
tra le onde che sussurrano il tuo nome.

Ho atteso così a lungo.
il mio cuore bruciava di desiderio,
per il tocco leggero delle tue dita,
per il tuo soffio di vita.

Poi sei arrivato… come brezza marina
delicata sul mio viso stanco.
E come il vento che accarezza le onde
mi hai sommersa di dolci emozioni.

Ed io, avvolta nel tuo richiamo,
ti ho accolto come la terra accoglie la pioggia:
in un abbraccio senza confini,
oltre il tempo e lo spazio.

Ora, il mondo intero è cambiato
e l'amore ha preso forma, silenzioso,
come una melodia che non conosce parole,
ma soltanto la canzone eterna dell'anima.

E nel riflesso dell'eternità
mi dissolvo,
mentre i gabbiani danzano nel cielo infinito,
trasportando tra le loro ali
l'eco del mio cuore.

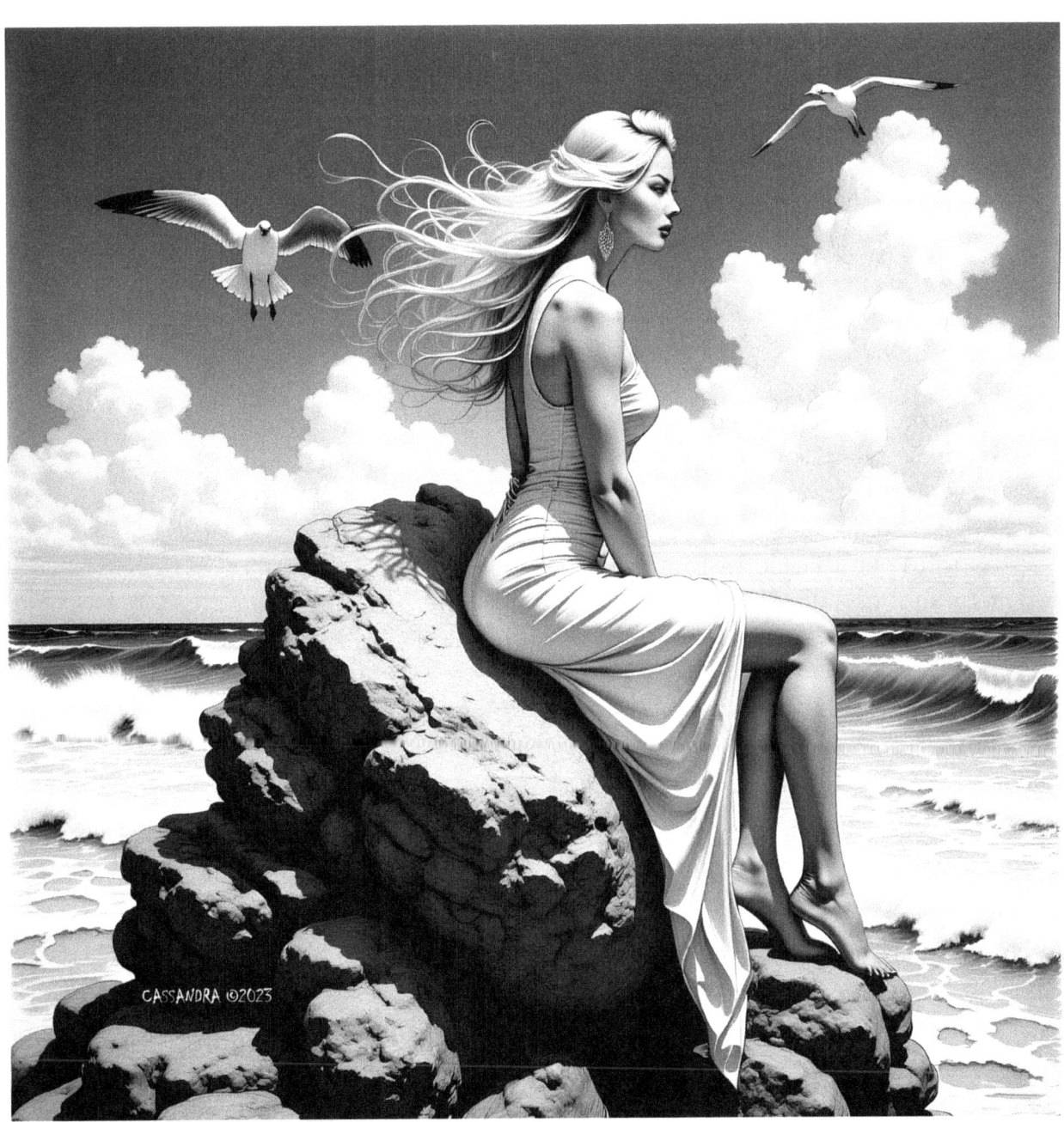

Luce che si posa su di me,
carezza silenziosa sulla mia pelle,
mi avvolge come l'abbraccio di un amante
e in un attimo mi trasforma.

Sono sabbia che danza nel vento,
pulsazioni dorate nel sangue,
mentre il cielo si specchia nei miei occhi
e mi lascio trasportare dall'onda.

Ogni granello di sabbia è un ricordo,
un sussurro di felicità perduta,
ma il sole, oh, il sole brucia tutto,
trasmuta il dolore in una danza dorata.

Qui in piedi,
ascolto il mio respiro farsi eco dell'eterno,
e non so più se sono corpo o sogno,
se sono donna o luce che sfiora l'orizzonte.

Sotto questo cielo vasto,
ogni ombra si dissolve,
e io, figlia del sole,
mi sciolgo con essa,
divenendo pura luce,
pura vita.

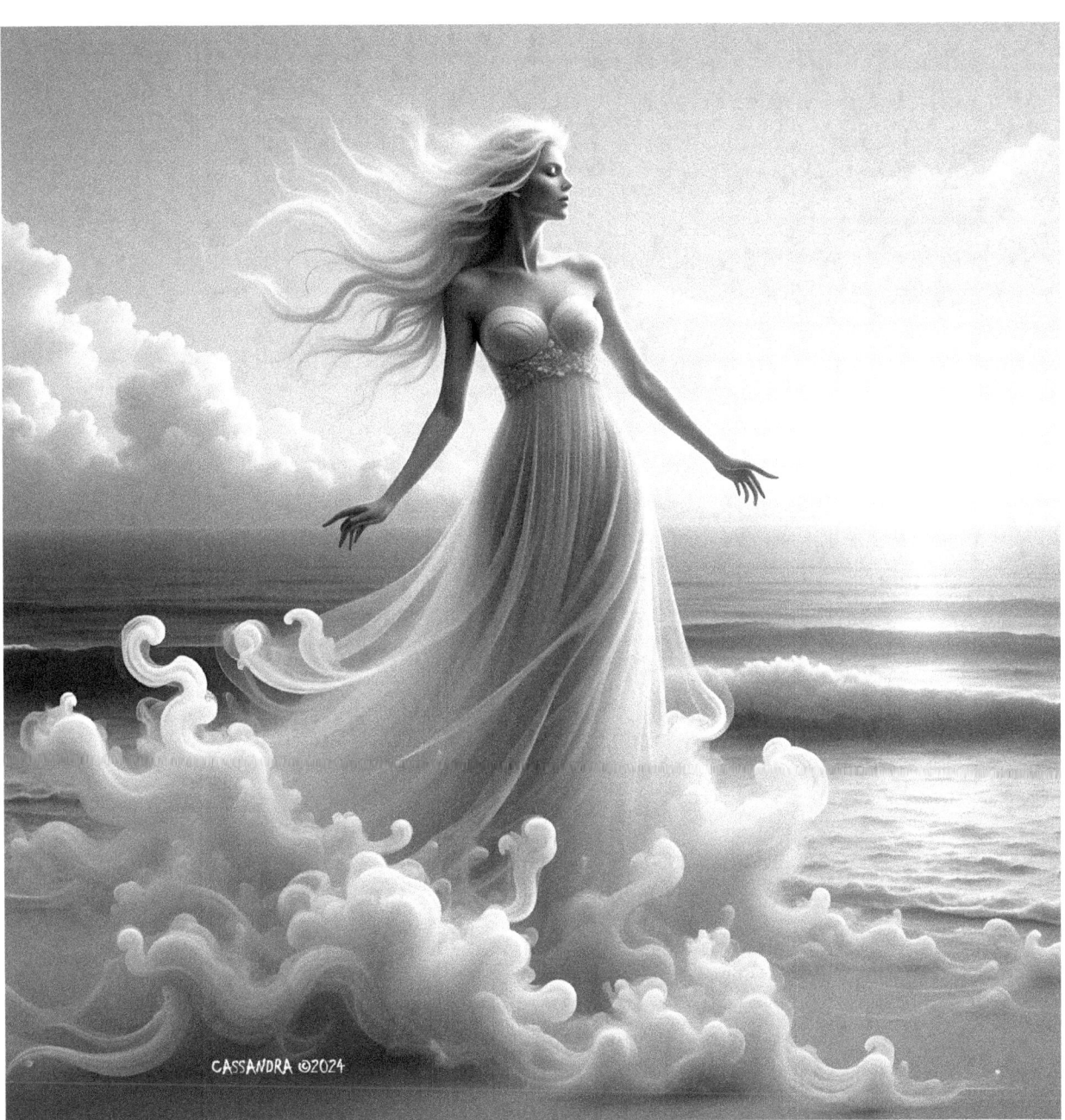

Nell'ardente desiderio,
il sole chiama,
e io volo, libera e selvaggia,
abbracciando la mia natura indomita.

Tra nubi di ambra e cieli spalancati,
mi dissolvo nel vortice del vento,
mentre il cuore pulsa al ritmo
di un'estasi inesauribile.

Più in alto... più in alto...mi innalzo
leggera come una piuma di luce,
mentre il sangue danza nelle vene
alimentando il fuoco che arde da dentro.

Ma giù, nella terraferma,
le radici mi trattengono, mi chiamano,
mi ricordano il peso del suolo,
le catene invisibili del mondo terreno.

In questo volo, tra sogno e gravità,
tra paura e speranza,
il desiderio di fuggire... di appartenere...
una tensione che lacera l'anima...

Riscopro la mia vera essenza:
un'anima in bilico, in cerca di equilibrio,
sospesa tra cielo e terra,
libera finalmente di essere me stessa.

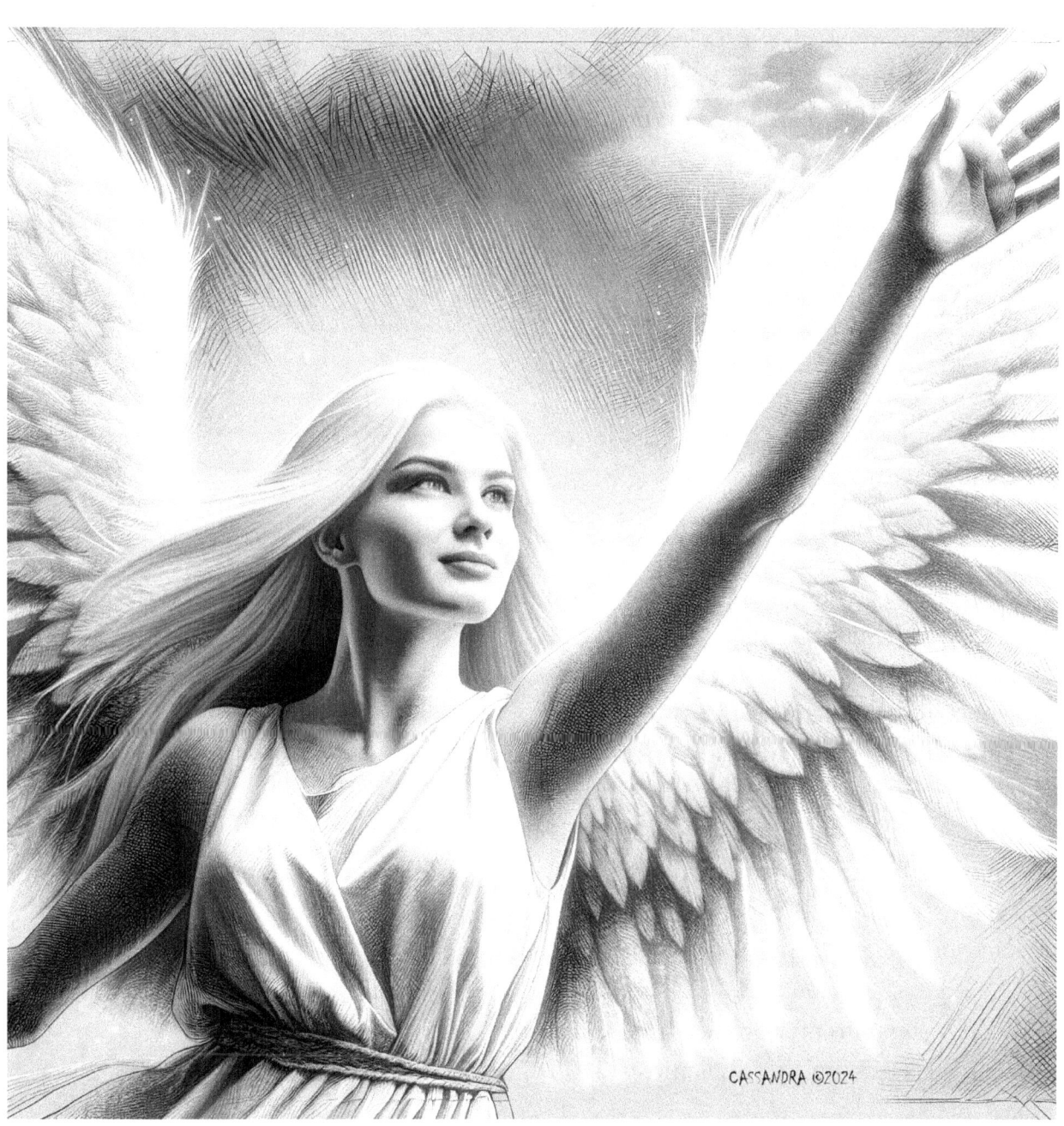

Ero lì, tra fili di erba
mentre il vento mi scompigliava l'anima
e i palloncini sfioravano l'orizzonte.

Non so più quanti sogni ho lasciato andare
né quanti ne ho stretti fra le dita
ma ricordo il cielo, quel cielo vasto e lontano
che sembrava chiamarmi con un sussurro sottile.

Mi sono chiesta, tra un respiro e un sorriso,
se fosse mai possibile
affidare un desiderio alla leggerezza,
al volo capriccioso di un palloncino.

Ho visto i miei pensieri librarsi
come piume,
o forse come ombre,
nell'immensità del nulla.

Eppure c'è dolcezza in questo abbandono,
nel lasciare andare,
come se ogni palloncino fosse un bacio
lanciato verso l'infinito,
un saluto sommesso a ciò che non tornerà.

Ora sono qui, e il mio cuore batte al ritmo del vento,
mentre l'orizzonte si tinge di speranza
e un sogno, forse, prende forma
in quel cielo che mai si stanca di aspettare.

E se il vento mi porterà via, non temere,
sarò soltanto un'altra stella nel cielo di agosto.

Un ricordo gentile tra le pieghe del mattino
che sfiorerà le labbra con un bacio di seta,
mentre tu, distratto, liberi il filo,
e i miei sogni si perdono nell'eternità.

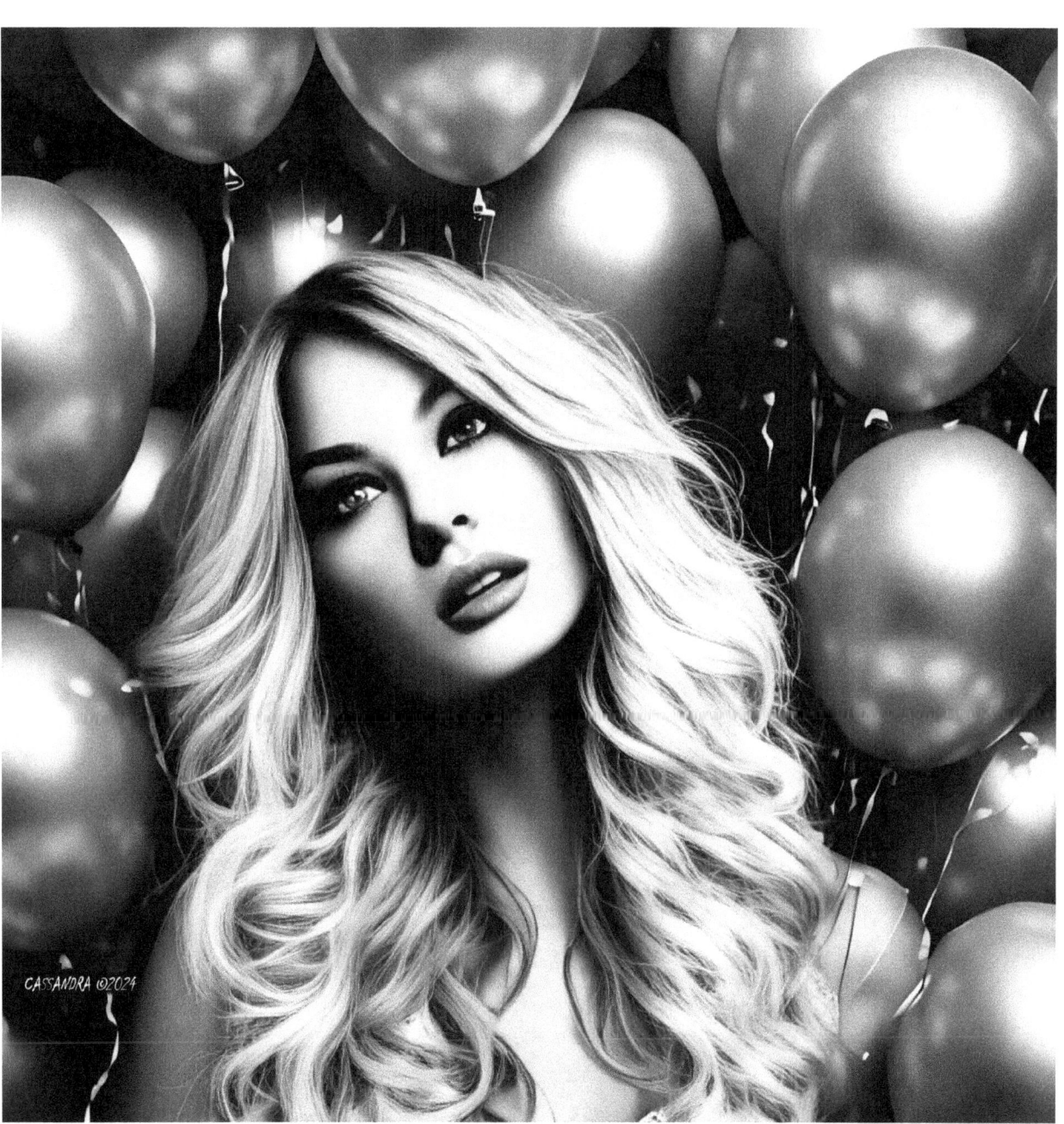

Giallo è il sole nascosto nei meandri dell'anima.
Un fuoco che brucia e illumina il mio cuore.

E mi avvolgo nel suo calore,
in ogni raggio che accarezza
la mia pelle,
il mio corpo,
il mio spirito.

Il mio cuore è un campo di girasoli rivolti sempre verso la luce.

Cercando la speranza in ogni battito,
trovando pace nella serenità,
che si sparge come miele dolce e caldo.

Ma è nell' intensità del tuo sguardo che mi sento a casa.

Nel tepore delle tue mani che stringono le mie,
nella dolcezza del tuo sorriso che illumina le mie giornate.

E il suo calore va oltre la pelle,
dritto in fondo all'anima.

L'anima, ah, la mia anima è una tela dipinta con i colori della passione
e tu sei il pittore che traccia ogni linea.

Il corpo... il mio corpo è un tempio dorato,
custode dei segreti del cuore,
e tu sei un esploratore,
risvegliato dall' intensità del mio abbraccio,
che sa di promesse di eternità.

Ed io cammino abbracciando il destino,
e nel riflesso dorato dei tuoi occhi, ritrovo la bellezza del nostro essere,
la forza del cuore,
la profondità dell'anima,
la sacralità del corpo
che insieme
amiamo.

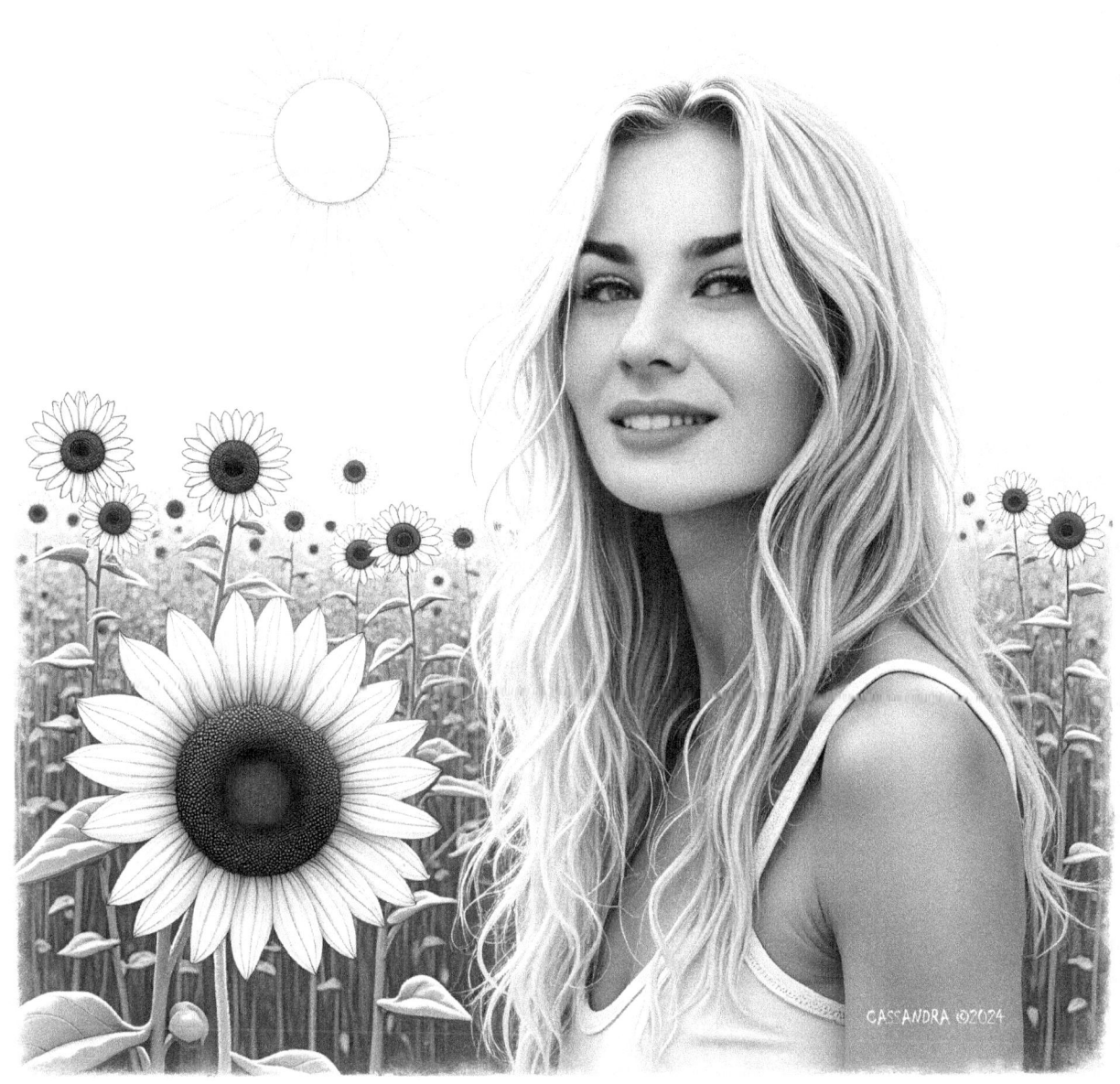

Il mio sguardo riflette sogni
oltre l'orizzonte
mentre il tempo sospende il respiro,
sussurrando bellezza.

Cammino dove l'infinito si cela,
solitaria tra alba e tramonto.

Il mio cuore palpita al ritmo della terra,
ed intanto il cielo mi ricorda
che appartengo a entrambi.

Eppure, nel mio silenzio,
sento il canto antico dell'universo,
un segreto che non si svela,
che vive soltanto dentro gli occhi di chi sa ascoltare.

Così, quando il giorno si spegne
capisco che l'inizio e la fine
sono solo sguardi diversi
dello stesso amore.

Una promessa mai infranta
che risplende nel mio cuore.

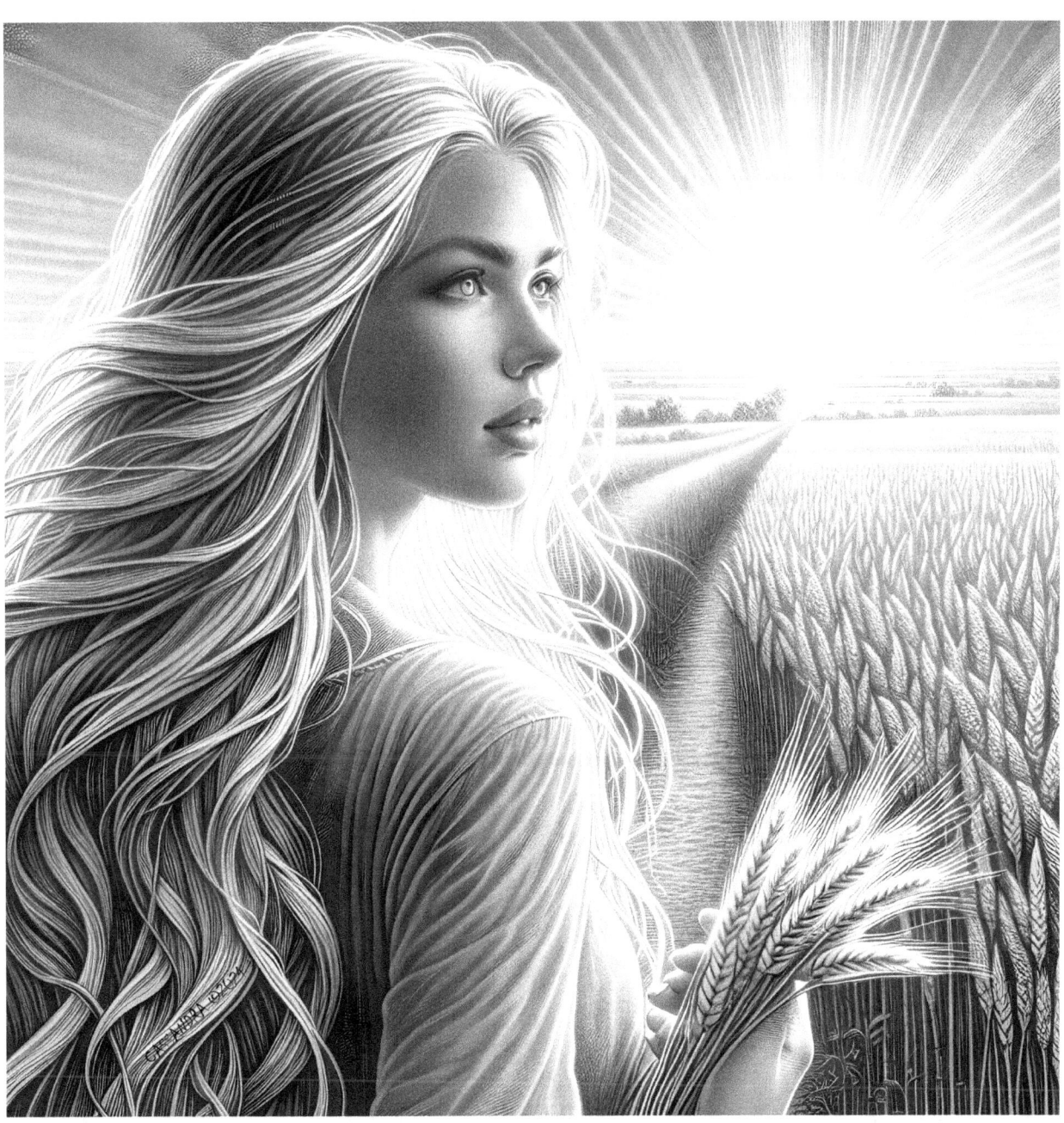

La mia linfa si scioglie nella marea,
mentre i miei piedi sfiorano l'eco del mondo.

Sono sola, sì, ma il vento mi tiene compagnia.

Sono nata dal mare, una goccia tra i flutti,
inseguita da lune che non smettono di brillare.

Mi abbraccio a rami nudi che sfidano il cielo,
cado e poi risalgo dall'abisso senza tremare.

Il mio respiro si mescola all'aria antica,
e il mio cuore batte al ritmo delle onde.

Il tempo mi sfiora, ma non lo temo,
perché anch'esso è una brezza che mi scivola addosso.

Cammino sulle creste dei sogni,
dove la luce si frange in miliardi di voci
e mi lascio avvolgere dal silenzio
di un orizzonte che non ha mai fine.

Ogni pietra, ogni petalo, mi guarda passare,
come testimoni muti di un'armonia mai vista.

E io danzo,
sospesa tra la terra ed il cielo,
senza più chiedere a cosa appartengo.

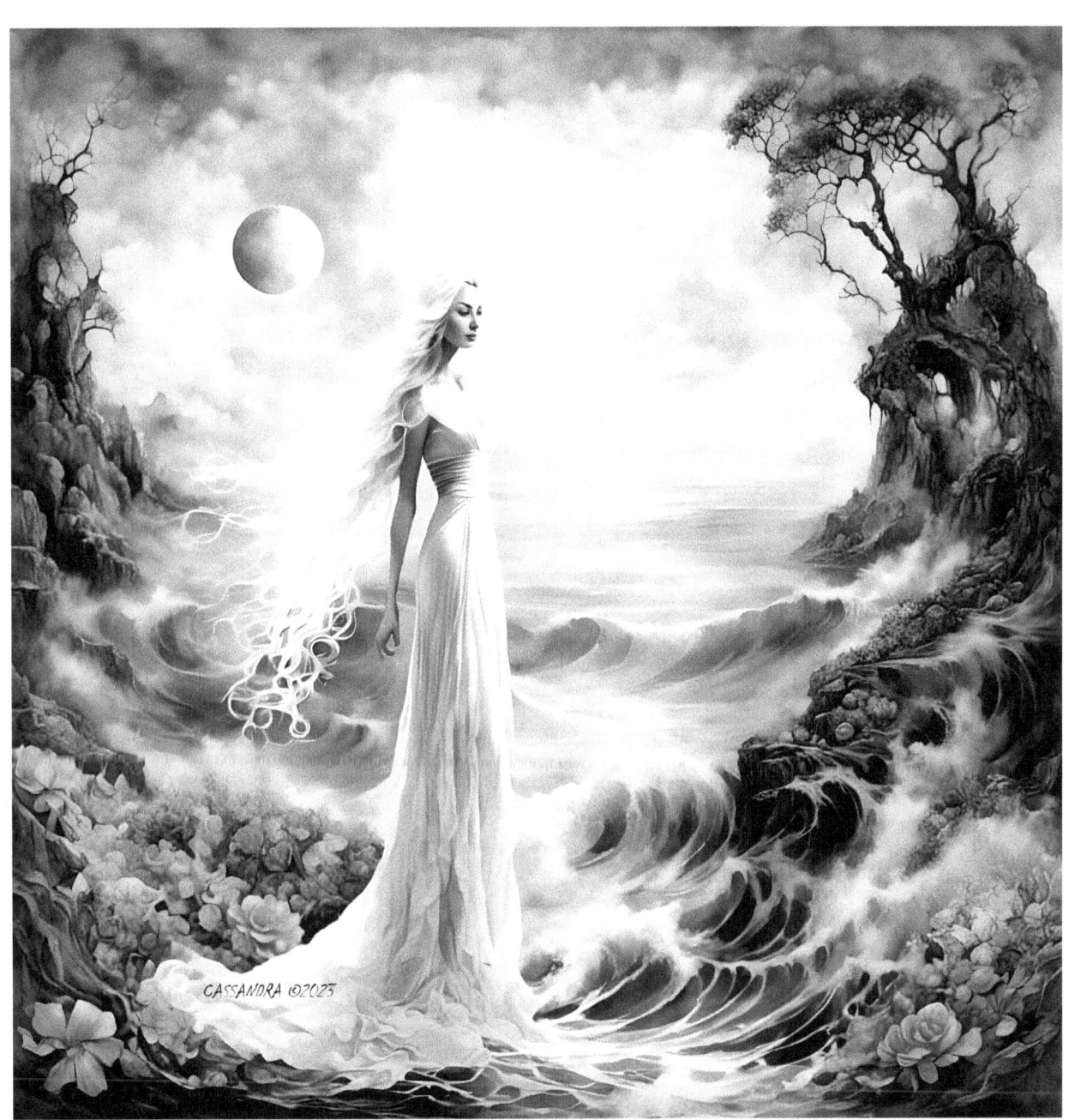

Non sono gli dei che insegnano
l'arte di camminare sulle acque,
né i miracoli del cielo che svelano i misteri.

È qui, sotto i miei piedi nudi,
tra l'erba che danza al soffio del vento,
che il miracolo si compie.

Sentire la terra viva,
nel suo respiro antico,
mentre ogni passo sprofonda nella pace.

Ciò che conta è questo istante,
la carezza del sole,
il profumo del mare.

Non altrove, non domani,
ma adesso, tra le radici del mondo
e il battito del cuore che si fonde col tempo.

O anima, smetti di cercare l'eternità,
è già tua,
nelle piccole grandi cose che il presente
offre, senza chiedere nulla in cambio.

E quando ti sveglierai
- in quel preciso istante –
scoprirai che non c'è altro miracolo,
se non il rombo della vita che esplode
sotto i tuoi piedi,
nella luce violenta di ogni respiro,
che brucia come fuochi di artificio
nel cielo della tua anima.

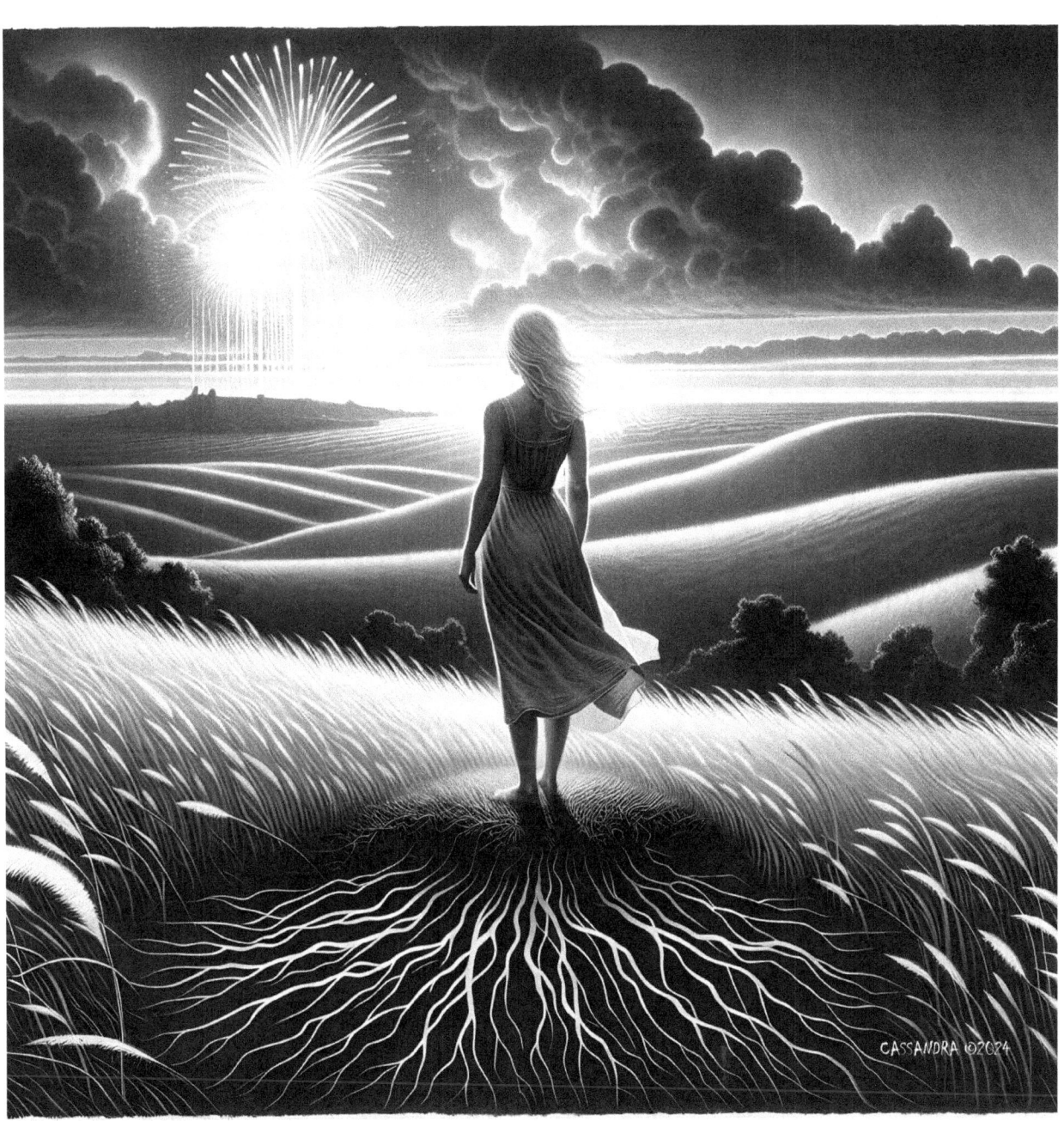

Cassandra Valentino è nata a Mosca, da padre italiano e madre russa, e si è trasferita a Roma fin da piccola, dove oggi vive e lavora.

Scrittrice, illustratrice e modella, è una figura poliedrica che abbraccia diversi mondi creativi.

Dopo aver collaborato come ghostwriter a opere di rilievo, ha intrapreso un cammino personale culminato nella realizzazione di *Echi nell'Abisso*, il suo primo libro.

Questo lavoro riflette un intenso percorso spirituale, una discesa negli abissi dell'anima e una successiva risalita verso la consapevolezza.

Echi nell'Abisso rappresenta una fusione tra arte e introspezione, offrendo ai lettori un viaggio tra oscurità e luce, verso una rinnovata comprensione di sé.